AF544634

Ein Paradies im Alter

Irmgard Lydia Eisner

Ein Paradies im Alter

Inspirationen für gärtnernde Senioren

ihleo verlag

Bibliografische Information der Deutschen Nationalbibliothek

Die Deutsche Nationalbibliothek verzeichnet diese Publikation in der Deutschen Nationalbibliografie; detaillierte bibliografische Daten sind im Internet über http://dnb.d-nb.de abrufbar.

Das Buch ist illustriert mit Fotos, die überwiegend im Garten der Autorin entstanden sind. Aufgenommen wurden diese von Jochen Miche.

Weitere Fotos stammen von:
Jean Clauss (Seite 27, 36, 39, 69, 79, 82, 96, 98, 102, 131 unten),
Irmgard Lydia Eisner (Seite 13 oben rechts, 33, 44 rechts, 50, 71, 91 oben rechts, 94, 100, 101, 161),
Pauline Häßler (Seite 40 f., 120),
Dr. Hans-J. Schreiber (Seite 19)
Miriam Storz (Seite 135)
Dirk Walinski (Seite 16, 62 f., 167).

Umschlagabbildung: topvectors © ihleo verlag

Gesamtherstellung
ihleo verlagsbüro – Dr. Oliver Ihle
Schlossgang 10, 25813 Husum
www.ihleo.de

ISBN 978-3-96666-049-5

Leben allein genügt nicht, sagte der Schmetterling, Sonnenschein, Freiheit und eine kleine Blume muss man auch haben.

Hans Christian Andersen (1805–1875)

Kleiner Fuchs auf Lavendel

Wer Schmetterlinge lachen hört,
der weiß, wie Wolken schmecken.

Novalis
(eigentlich Georg Philipp Friedrich
von Hardenberg, 1772–1801)

Inhalt

Garten mit Putto

Vorwort

Zieht Gartenglück ins Alter mit? Mit diesem Buch fällt Ihnen kein Gartenratgeber im üblichen Sinne in die Hände. Es möchte nicht mit festen Ratschlägen daherkommen. Eher als poesievoll gewürzter Mutmacher für alternde Gartenfreunde. Vielleicht bringt es aber ein Schmunzeln ins Gesicht und eine Träne ins Knopfloch?

Um es praktischer auszudrücken: Mit diesem Buch wollen zwei ältere Gärtner andere Gartenfreunde ermutigen, auch im Alter an ihrem Garten festzuhalten. War er doch in vielen Jahren, vielleicht sogar Jahrzehnten, ihr Lebensbegleiter. Was haben sie dem Garten nicht alles gegeben an Liebe und Zeit, an Leidenschaft und Hoffnung! Und wie oft hat er sie dafür beglückt und erheitert! Hat er nicht nach manch anstrengendem Arbeitstag schöne Gartenträume geschenkt? Oder manch schlaflose Nachtstunde mit Plänen um die Gestaltung bereichert?

Auch wenn wir im Herbst des Lebens angekommen sind – sollen wir deshalb die Gartenfreuden aufgeben? Sind wir entmutigt, weil die körperlichen Kräfte nachlassen? Weil das früher so freudige Schaffen mit der Erde, das Pflanzen, Buddeln, Gießen nun oftmals zur Last wird? Wenn sich Gartenlust in Gartenfrust verwandelt?

Unser Körper ist auch ein Garten und der Wille der Gärtner. Teilweise liegt es an und in uns, welcher Art Gärtner wir für unseren Körper sind. Gelingt es uns, auch in alten, schweren Tagen durch den Garten zu streifen, um uns am Blühen, Wachsen, Werden und Vergehen zu erfreuen?

Den Versuch ist es wert.

Apfelbaum mit
reicher Ernte

Paradiesische Zeiten – gab es die jemals?

Hat nicht jeder Mensch sein eigenes kleines Paradies? Oder wenigstens den Wunsch danach?

„Hortus“ (lateinisch) bedeutet „Garten“, ein umfriedetes, gehütetes Areal. Kann der Gärtner klug genug werden, um dem Abschied von seinem Hortus entgegenzuwirken? Gelingt es der Gärtnerin, dafür zu sorgen, dass ihr Hort nicht vor der Zeit zum „Verlorenen Paradies“ wird? „Hortologie“ – Lehre von der Gartenkunst und -pflege. „Hortus conclusus“ erinnert an das biblische Paradies, die Urform eines Gartens im christlichen Kulturkreis.

In einem Garten ging das Paradies verloren.
In einem Garten wird es wiedergefunden.

Blaise Pascal (1623–1662)

Nach der alten Bibelgeschichte: Im Garten Eden gebot Gott, der Herr, dem Menschen Adam, nicht vom Baum der Erkenntnis zu essen! Außerdem hatte er die Idee, dem Manne eine Gehilfin zu geben, die um ihn sei. Also ward Eva geschaffen. Doch er gab beiden auch die listige Schlange. Und die verführte Adam und Eva. Da wussten die Menschen endlich, was gut und was böse sei. Doch letztlich wurden sie damit aus dem Paradies vertrieben. Bisher war es für sie nur zum Genießen und Faulenzen da gewesen. Arbeiten hatten sie nicht gelernt. Von nun an mussten sie sich mühen und plagen und „im Schweiße ihres Angesichts“ ihr Brot essen. Das hatten sie vom Erkenntnisgewinn!

Auch mit den Kindern gab es Ärger. Sie waren wohl schlecht erzogen: Einer wurde selbstgefällig, der andere gewalttätig. Gärtner Abel lag schließlich unter dem Rasen und Jäger Kain, der Bruder, war sein Mörder. Da mussten die Eltern sehen, wie sie zurechtkamen.

Teuflische Zustände schon damals! Ob es wohl der Teufel selber war, der dem lieben Gott das „Unkraut“ in den Paradiesgarten gestreut hat? Jedenfalls wäre dieses Werk von so großer Nachhaltigkeit, dass wir noch heute unsere Rücken dafür krümmen müssen.

Allerdings hat Gott gegengesteuert, denn: Wächst uns nicht so viel Schönes aus dieser braunen, krümeligen, voller Leben steckenden Bodenmasse entgegen? Blühendes und Nützliches sozusagen als Ausgleich für all die Plagen.

Weil aber dennoch nur mit den Segnungen des Himmels, mit Sonne und Regen etwas gedeihen kann, muss der Garten ein Stück vom Paradies sein! Bieten unsere heutigen irdischen Gärten die Möglichkeit, das Glück aus dem verlorenen Paradies wiederzufinden? Dem Reformator Martin Luther (1483–1546) wurden jene Worte zugeschrieben:

Wenn ich wüsste,
dass morgen die Welt unterginge,
so würde ich heute noch
mein Apfelbäumchen pflanzen.

Und Meister Johann Wolfgang von Goethe (1749–1832) lässt in seinem „Faust" den Gärtner in der kaiserlichen Pfalz singen:

Über Rosen lässt sich dichten,
in den Apfel muss man beißen.

Ob Schlange, Sündenfall, Äpfel der Lust oder der Erkenntnis – es bleibt die Frage: Ist es die Sehnsucht nach einem Paradies im Hier und Jetzt, nach einem Leben in der Natur, welche die Menschen antreibt? Oder ist es der Wunsch, irgendwo heimisch zu sein, ein Stück Erde zu lieben und zu bebauen?

Dabei ist es völlig unwichtig, wie groß oder wie klein solch ein Paradiesgarten ist, ob er am Meer liegt oder in den Bergen, im Tal oder auf dem flachen Land. Wichtig ist nur die Liebe, die Zuwendung, mit der er angelegt und gehütet wird.

Gärtner brauchen keine Erklärungsmodelle für Glück. Sie haben sie einfach in sich.

Um nochmals J. W. von Goethes Weisheit das Wort zu geben – in seinen „Römischen Elegien" schreibt er:

Der Paradiesgarten kann in den Bergen ebenso wie am Meer liegen.

Die Erde soll früher einmal ein Paradies gewesen sein. Möglich ist alles. Die Erde könnte wieder ein Paradies werden.

Weit und schön ist die Welt,
doch o wie dank ich dem Himmel,
dass ein Gärtchen, beschränkt,
zierlich, mein eigen gehört.

Bringet mich wieder nach Hause,
was hat ein Gärtner zu reisen,
Ehre bringt's ihm und Glück,
wenn er sein Gärtchen versorgt.

Speisen auf dem Elfenkrokus

Gartenzeit ist meine Zeit

Wenn ich im Garten spazieren gehe, bemerk ich schon dies und das, was sich langsam anschickt zu blühen. Noch immer, so alt ich auch werde, erscheint mir dergleich doch neu und spaßhaft, wie vor 10.000 Jahren.

Wilhelm Busch (1832–1908)

ind wir nicht alle dazu veranlagt, zu gärtnern oder in der Natur zu sein?

Was wissen wir noch von den Anfängen unserer Gartenzeit? Wo war der Initialfunke, der alles zum Werden brachte? Ist es nicht verblüffend, wie sehr Gärtnern das Leben verändert? Wie ein Hobby immer mehr Ausläufer in den Alltag treibt? Unauffällig erst, sozusagen unterirdisch: Da ein paar Zwiebelblümchen gesteckt, da ein Küchenkraut eingebuddelt, dort eine kleine Rose hingesetzt, ein Lavendel dazu … Und gern auch in ein Gartenbuch geschaut …

Dann ist es passiert: Nichts ist mehr, wie es war. Man spürt es kaum, wenn das Gartenfieber sich anschleicht. Eines Tages ist man davon befallen. Sich dagegen wehren? Zwecklos! Ist gegen diese Krankheit ein Kraut gewachsen? Nein! Das wäre ja auch schade.

Wie wir Menschenkinder unsere Entwicklung haben, so geschieht es auch den Gärten. Garten heißt warten, sagt ein Sprichwort. Zeit ist also wichtig. Das betagte Gärtnerpaar hatte seinen „Hortus“ gefunden: etliche Quadratmeter in einer Gegend, die zu beiden passt. Nun steht es vor seinem neuen Stückchen Erde und will darauf noch etwas Gemeinsames gestalten.

Kann Gärtnern ein verbindender Lebensstil werden? Schaffen sie es, einen gemütlichen und belebenden Altersgarten zu erarbeiten?

Wer ist das alte Gärtnerpaar?

Beide stammen aus verschiedenen Landesteilen und haben dadurch auch unterschiedliche Gärten erlebt. Ich, die Gärtnerin, bin durch jahrzehntelanges

Die zwei Gärtner Irmgard Lydia Eisner und Jean Clauss

Schrebergartentun ordentlich „vorgeglüht".

Gemeinsam erwarben wir ein Grundstück in einer kleinen Stadt am Harz.

Schnell wurde klar: Wir hatten keinen Garten, sondern ein großes Stück Wildwuchs erworben. Unsere erste Frage war: Welche Rolle spielen künftig die Bäume? Sollten hier Obstbäume gepflanzt werden?

In meiner Erinnerung an die Kindheit leuchtet die Kirschenernte der Heimat in Schlesien. Köstlich waren die süßen, saftigen Früchte, die roten und die schwarzen. Dazu gab es in der Erntezeit das fröhliche Treiben der Leute beim Pflücken, das Lachen, das gemeinsame Singen auf der sonnigen Wiese.

Doch dann kamen Krieg und Vertreibung. Die Menschen mussten fliehen, mussten ihre Häuser und Gartenparadiese verlassen. Bevor es zum letzten Mal „Träubele schneite" – die weißen Blütenblätter aus den Kirschbäumen zur Erde fielen –, war es vorbei mit diesem Gartenglück.

Allerdings: Der Geschmack frisch gepflückter, reifer Kirschen blieb mir bis heute erhalten. Bei dem Wort „Kirschen" schlägt immer noch das Herz vor Freude und es kitzelt den Gaumen.

Nun zum Mann an meiner Seite. Er hat Apfelbaumerinnerungen an seine Kindheit.

Bei einem Ausflug in den Harz leuchtet uns beiden inzwischen alten Leuten ein prächtiger Apfelbaum auf einer Wiese um die Dorfkirche entgegen. Schwer neigen sich die Zweige mit den reifen Früchten der Erde zu. Wir beißen hinein. Köstlich! Welch ein feiner Geschmack! Vor allem aber: Die Erinnerung steigt empor. Der Mann weiß sofort: Das ist die Goldparmäne aus den Kindertagen im Garten der Großeltern im Elsass.

Die Entscheidung fällt: Es wird nach dieser Apfelsorte in den Baumschulen gesucht. Und sie wird gefunden! Nun

Winterblüher – die Christrosen

erfreuen wir uns in jedem Frühling an den Blüten und umschleichen im Herbst das Bäumchen mit der Frage: Wie viele Früchte schenkt es uns in diesem Jahr?

Noch einmal ein Blick zurück: Die Großeltern aus Schlesien waren nach der Flucht – wie so viele andere – nach Mitteldeutschland gelangt. Nun galt es, in der anderen Gegend Wurzeln zu schlagen und ein neues Gartenparadies zu schaffen.

Doch die Zwänge des Alltags nach dem Krieg ließen nicht viel Gartenschönheit zu. Hunger galt es zu stillen. Das kleine, blühende Duftbeet, das die Großmutter anlegen konnte mit Nelken und Reseda, war ihr Traum vom Gartenparadies. Aber erst ich, die Enkeltochter, kann sich Gartenträume unbeschwert erfüllen.

Der Blauglockenbaum

Ein afrikanisches Sprichwort sagt: „Vor zwanzig Jahren war die beste Zeit, einen Baum zu pflanzen. Jetzt ist die zweitbeste."

Irgendwann an einem heißen Tag in einer Parkanlage schenkte mir ein Blauglockenbaum kühlenden Schatten. Erst beim Hochsehen entdeckte ich riesenhafte Blätter. Ein einziges Blatt davon ist gut als Sonnenschirm geeignet.

Ich habe es probiert.

Eines Tages zog er tatsächlich in unser kleines Gartenreich. Er stammt aus warmer Gegend in China und ist bei uns in seiner Jugend frostempfindlich. Also wuchten wir zwei alte Gärtner ihn alljährlich im Herbst ins Haus. Inzwischen kommt er mit dem deutschen Winter zurecht. Er ist uns ergrauten Menschenkindern längst ans Herz und über den Kopf gewachsen.

Nach jedem Winter schicken wir hoffnungsvolle Blicke in sein kahles Geäst. – Hat er die Minusgrade überstanden? Und eines Tages läutet er mit seinen lilablauen Glocken den Sommer ein.

Unter unserer „Venus" war stets eine Bodenfläche zu bearbeiten, in gebückter Haltung. Dann haben wir die Erde mit Sand zugedeckt.

Nun schaut die Dame still zu, wenn wir mit aufrechtem Rücken an ihr vorbeiflanieren. Gärtnern regt an, auch noch bei körperlichen Einschränkungen, zeigt Grenzen und bestimmt Denken im Rhythmus der Jahreszeiten.

Die Welt, das lässt sich nicht bestreiten,
hat ihre angenehmen Seiten.

Wilhelm Busch

Blühender Blauglocken-baum

Noch immer seh' ich gern
den Wechsel der Jahreszeiten,
besonders den werdenden Frühling,
doch auch den fertigen Sommer,
den sanft melancholischen Herbst
und den frischen Winter im weißen Gewande.

Wilhelm Busch

Riesenhaft: die Blätter des Blauglockenbaumes

Venus unter Blättern

Im Lauf der Jahreszeiten

Schneeglöckchen

Johannisbeeren

Petunien

Schnee-Engel

Baumgesicht

Der Mörder ist immer der Gärtner

Kriminalgeschichte im Garten? Der friedvolle Gärtner soll ein Mörder sein? Ja! Denn schauen Sie nur hin: Was tut er fast täglich in seinem Revier? Er reißt Pflanzen heraus und bestimmt sie so zum Untergang! Kompostieren heißt das hier. Mit Sägen und Zangen verletzt er Lebendes, eliminiert manchen Baum oder Strauch. Abschneiden! Ausreißen! Er entscheidet über Leben und Tod! Manchmal geht er mit blankem Messer auf Gänseblümchen los.

Dabei gibt es doch so zauberhafte Unkräuter überall: Ehrenpreis, Löwenzahn, Erdrauch, Ackerstiefmütterchen, Kupferblümchen, auch Frühlingsmiere genannt, und andere wilde Pflanzen, die es verdient hätten, zu leben und zu blühen.

Wieviel tausend Mal hat sich der Gärtner gebückt, um herauszureißen, was seinem Ordnungssinn im Wege ist. Sogar wenn ihm etwas selbst Gesetztes, das vielleicht mal seine Lieblingspflanze war, nicht mehr gefällt – weg damit! Abfall!

Ein rechter Kampfplatz ist manchmal der Garten. Wenn der Besitzer dann noch mit chemischer Keule gegen Pflänzchen vorgeht, wird es ganz besonders gründlich! Dazu hat er ein gutes Gefühl, wenn er nach dem Entfernen den Rücken strafft, auf das unkrautfreie Beet schaut und befriedigt ausruft: „Geschafft!"

Doch: Wer will es dem Gärtner verdenken! Schließlich trägt er sein Wissen und seinen Ordnungssinn in sich und muss damit umgehen.

Gewöhnlicher bzw. Gemeiner Erdrauch. Doch ganz im Vertrauen: Gemein ist er nicht.

Mut zur Lücke: Diese blühende Leinpflanze wächst auf der Gartentreppe.

Blühender Garten um eine Kiefer

Aber gefährlich wird es schon, wenn auf dem Grundstück mit der teuflisch guten Gartenerde zu große Bäume himmelwärts wachsen. Dann wird den kleinen Menschen unten angst und bange. Wie sollen sie die immer höher ragenden Bäume beherrschen? Außerdem ist es düster, wenn man den Blick zum Himmel hebt, weil die alten Nadelgehölze die Erde beschatten. Beim Anblick des neu erworbenen Grundstückes, das teilweise an Wald erinnert, steht zuerst die Frage: Was wird aus den Bäumen? Achtzehn teils morsche Fichten und Kiefern stehen vor den alten Gärtnern!

Es fällt die richterliche, nein gärtnerische Entscheidung: Einige müssen weichen, müssen eliminiert, gefällt werden. Sie dürfen nicht weiterleben. Ausgewählte können bleiben. Aber gleich vernichten und verbrennen? Haben nicht auch kahle Stämme etwas zu bieten, zum Beispiel zur Umwandlung in Wohnungen für Insekten? Es dauert gar nicht lange, und Käfer, Wespen, Fliegen finden dort ihr Zuhause. Denn Totholz ist für viele Tiere ein Biohotel vom Feinsten.

Manche Baumstämme werden als Klettergerüste für Waldreben und hinaufwachsende Rosen gelassen, wie

Leben im Totholz

Wisteria oder Blauregen aus der Nähe ...

... und aus der Ferne

die „Paul's Himalayan Musk", deren Name schon ihren Charakter verrät – Himalaya – himmelwärts. Wenn es allerdings zu kraftvoll hinaufgeht, wie bei dem würgenden Himmelsstürmer Blauregen (aus China stammende Wisteria), der in seinem unaufhaltsamen Wachsen andere Pflanzen umbringt und Dachrinnen und Rosenbögen am Haus wie Streichhölzer knickt, dann wird auch ihm der Todesstoß gegeben.

Was sagt der Igel dazu? Auf dem Boden wuselt er mit seinen Nachkom-

Igelwohnung

Igelnachwuchs in unserem Garten

men herum. Ihm ist der Holzhaufen recht, der von einer immergrünen Liane eingehüllt ist. Manchmal hustet er und räuspert sich und lässt den wild räumenden Gärtner erschreckt innehalten.

Ein weiterer Kulissentausch ist bei den Sträuchern angesagt: Das Schneiden der meterhohen Ligusterhecke schaffen die Gärtner nicht mehr. Also wird Hilfe gebraucht für die große Operation.

Etwas Mut für diesen energischen Eingriff muss man schon haben, denn mit gewaltigem Werkzeug der Helfer wird gerodet! Lebenswillig halten sich die Sträucher in der Erde fest. Doch die Klaue des Baggers greift tief zu den Wurzeln, reißt, beißt, zieht sie heraus. Es stöhnt und knirscht wie beim Zahnarzt, wenn die Wurzel aus dem Kiefer geholt wird.

Geschafft: Ein ganzer Berg entwurzelter Pflanzen!

Vita Sackville-West (1892 – 1962), die bekannte gärtnernde Schriftstellerin aus England, meinte: „Der Gärtner muss grausam sein."

Die Kapuzinerrose (Rosa foetida Bicolor) steht anstelle der „wegoperierten" Ligustersträucher.

Doch die Liebe zum Garten lässt sich der Mensch nicht aus dem Herzen reißen! Es ist der Gärtner ja auch immer ein Mensch mit mörderischem Hang zum Schönen. Kaum hat sich der Wald gelichtet – da greift er gierig nach anderen Pflanzen. Doch welche kann er in Zukunft noch beherrschen und pflegen? Was kann er mit Überlegung und Mut erreichen? Und wo beginnt der Übermut?

Nach einigen Erkundungen zögert auch die Spechtfamilie nicht lange – fleißiges Hämmern und Klopfen für die neue Behausung ist angesagt. Auch den Partnern von Amsel, Kleiber, Meise und Zaunkönig gefällt es dort, den Finken und Sperlingen sowieso.

Ein lieblicher Effekt der „mörderischen" Umgestaltung: Auf den verbliebenen Bäumen sitzen nun mehr gefiederte Gesellen, die ihre Gesänge durch die Frühlingsluft schmettern, weil sie in den toten Baumstämmen genug Futter finden.

Sprich, wie werde ich die Sperlinge los, so sagte der Gärtner. Und die Raupen dazu, ferner das Käfergeschlecht, Maulwurf, Erdfloh, Wespe, die Würmer, das Teufelsgezüchte? Lass sie nur alle, so frisst einer den anderen auf.

Johann Wolfgang von Goethe (1749–1832)

Erleuchtung, wer das nächste Opfer wird?

Die Karde empfängt hungrigen Besuch.

Duldsam

Des morgens früh, sobald ich mir
mein Pfeifchen angezündet.
Geh ich hinaus zur Hintertür,
die in den Garten mündet.

Besonders gern betracht' ich dann
die Rosen, die so niedlich;
die Blattlaus sitzt und saugt daran
so grün, so still, so friedlich.

Und doch wird sie, so still sie ist,
der Grausamkeit zur Beute,
der Schwebefliegen Larve frisst
sie auf bis auf die Häute.

Schluppwespchen flink und klimperklein,
so sehr die Laus sich sträube,
sie legen doch ihr Ei hinein
noch bei lebend'gem Leibe.

Sie aber sorgt nicht nur mit Fleiß
durch Eier für Vermehrung;
sie kriegt auch Junge hundertweis
als weitere Bescherung.

Wilhelm Busch

Rote Johannisbeeren

Hier wuchs einst der Spargel

Veronika, der Lenz ist da,
die Mädchen singen tralala.
Die ganze Welt ist wie verhext,
Veronika, der Spargel wächst!

Fritz Rotter (1900–1984)

Im hinteren Teil des Gartens lag aufgeräumt ein kleines Spargelbeet. Hatte der Vorbesitzer dieses Liedchen aus den 1920er-Jahren gesungen?

Es hat sich alles gewandelt. Nach der großen politischen Wende gab es auch Umwandlungen in den Gartenbeeten dank neuer Möglichkeiten. Nach vierzig Jahren des Tuns um das kleine Schrebergartenglück zu DDR-Zeiten nun der Altersgarten mit all der Freiheit zum Gestalten! Dieser Kulissentausch musste sehr gründlich sein. Streng geordnete Gemüsebeete waren auch nie mein Ding.

Unser Garten in früheren Zeiten. Von Nutzen. Aber stets auch ein Vergnügen?

Gab es für uns in dem „Mauerländchen“ hinterm eisernen Vorhang die Verpflichtung, Obst und Gemüse für die eigene Ernährung anzubauen, so sind wir heute diesen Zwängen des Alltags enthoben. Gärtnern ist zum Vergnügen geworden! Der Garten darf vor allem der Schönheit dienen, er soll Herz und Seele erquicken. Aber natürlich auch dem Magen guttun, wenn es dem Gemüsegärtner gefällt.

Um es mit Wilhelm Busch auszudrücken: „Lasse jedem seine Freuden, gönn' ihm, dass er sich erquicket, wenn er sittsam und bescheiden auf die eig'nen Erbsen blicket.“

Nicht wenige Gartenbesitzer in der DDR waren stolz darauf, ihr eigenes kleines Spargelanbaugebiet zu haben. Damit konnten sie manchen Mangel ausgleichen. Weil die Kaufmöglichkeiten in der begrenzten Republik stark eingeschränkt waren, galt es allgemein als Glück, etwas zum Tauschen zu haben. „Gibst du mir – geb' ich dir", war die Devise. Und ein Kilo des feinen Gemüses war etwas wert. Es war und es ist eben nicht alles mit Gesetzen zu regeln. Vielleicht manchmal etwas mit Gebeten? Wenn es etwas nützen würde, fiele der Gärtner täglich auf die Knie und betete etwa so:

Herrgott, richte es so ein,
dass es täglich von Mitternacht bis drei Uhr früh regne,
aber langsam und warm, weißt du, damit es einsickern kann;
doch soll es dabei nicht auf die Pechnelke, das Steinkraut,
Sonnenröschen,
den Lavendel und andere Blumen regnen,
die dir in deiner unendlichen Weisheit als trockenliebende
Pflanzen bekannt sind – wenn du willst, schreibe ich es dir auf ein
Blatt Papier auf;
ferner soll die Sonne den ganzen Tag über scheinen,
aber nicht überallhin (zum Beispiel nicht auf den Spierstrauch und
Enzian,
noch auf Funkie und Rhododendron) und auch nicht zu stark;
dann möge es viel Tau und wenig Wind geben,
genug Regenwürmer, keine Blattläuse, Schnecken und keinen
Mehltau,
und einmal in der Woche
verdünnte Jauche mit Taubenmist regnen.
Amen.

Karel Čapek (1890–1928)

Können Gärten nicht auch ein Stück Kulturgeschichte sein?

In Ostdeutschland ging ein Appell an die Menschen auf dem Lande, sie sollten von ihren Erträgen in Garten und Feld zur Verbesserung der Versorgung der Bevölkerung mit Lebensmitteln etwas abgeben. Einige taten es.

Dabei entwickelten sich auch kuriose Situationen. Bei den Sammelstellen wurde den Leuten für ihre Erzeugnisse recht viel Geld gezahlt. In den Geschäften waren diese Produkte dann billig zu kaufen. So entwickelten manche Menschen einen regelrechten Sport daraus, das Obst und Gemüse im Laden zu kaufen und dann in den staatlichen Ablieferungsstellen weiterzuverkaufen als eigenes Produkt. Wenn zum Beispiel das Kilo Johannisbeeren im Laden drei Mark kostete, bekam der Gärtner in der Sammelstelle sechs Mark dafür. Die Zwischensumme war Reingewinn.

Mit Geflügel- und Kaninchenfleisch war es ebenso. Mancher Tierhalter schlachtete sein Kaninchen, legte ihm ein dünnes Bändchen um den Hals, brachte es zur Aufkaufstelle und ließ sich dafür gut bezahlen. Danach ging es flugs in den Konsum oder zur Handelsorganisation (HO), zu dem diese Ware zum Verkauf an die Bevölkerung geliefert wurde. Am Bändchen erkannte er sein Kaninchen und kaufte es billig zurück. Mit dem Gemüse wurde es auch so gemacht. Das Ganze war also kein erlesener Beitrag zum Gedeihen der Volkswirtschaft.

Doch vorbei sind die Zeiten, als der Vorstand, meist bestehend aus guten Genossen der Partei, durch die Schrebergartenanlage schritt und mit scharfem Blick übern Gartenzaun den Gärtner zur Ordnung rief. Ist hier genügend Gemüse angebaut? Zum Beispiel wurde dem jungen Mann am Tor seines Gartens vorgeworfen, statt Essbarem zu viel Gras wachsen zu lassen. Er schmunzelte sicher nur nach innen, als er sich verteidigte: „Was, wo, Gras? Das ist Schnittlauch! Und den futtere ich." Grimmig zogen die Ordnungshüter weiter. Sie fühlten sich wohl nicht ernst genug genommen.

Uns DDR-Bürgern blühte ja manches, auch das, was wir nicht wollten. Ob Bertolt Brecht (1898–1956) auch Gärtner

Lila Mohnblüte

war, das weiß ich nicht zu sagen. Doch von ihm stammen diese Worte: „Es ist schlimm, in einem Lande zu leben, in dem es keinen Humor gibt. Aber noch schlimmer ist es, in einem Land zu leben, in dem man Humor braucht." Und mit diesem hatten die sozialistischen Führer ja nicht viel am Hut.

Allerdings kam dann das Wunder – die Wende! Wir alle wissen: Die einzige unblutige und dennoch erfolgreiche Revolution der deutschen Geschichte gab es im Osten. Die Mauer fiel weg, die das Land eingeschlossen hatte. Die neue Zeit bot grenzenlose Möglichkeiten, auch im Gärtnern.

So können Gärten auch ein Stück Kulturgeschichte sein. In Schlesien zum Beispiel war Mohn so eine rechte Kultpflanze. Für die Weihnachtsfeiertage brauchte ihn jede Hausfrau, um daraus die von der ganzen Familie erwarteten Moh-kließla (Mohnklöße) zu zaubern. In jedem noch so kleinen Vorgarten der Stadt oder im Hausgarten auf dem Lande sah man einige dieser helllila, seidig glänzenden Mohnblüten leuchten.

Gehen wir noch ein paar Schritte zurück und folgen dem Gedankengut von Moritz Schreber. Um 1850 hatte der Leipziger Orthopäde und Hochschullehrer mit seinen Schriften neue Maßstäbe gesetzt. Er beschäftigte sich vor allem mit der Gesundheit der Kinder und den sozialen Folgen des Stadtlebens am Beginn der Industrialisierung. Zur Gesundheitsvorsorge im 19. Jahrhundert gehörten Licht, Luft, Sonne und Bewegung. Das Umfeld von Mietskasernen bot wenige Mög-

Schlangenwurzel

lichkeiten dazu. Es entstand die Idee der „Armen- und Spezialgärten". In ihnen sollten vor allem die Kinder zur „körperlichen Ertüchtigung" Beschäftigung finden. Selbst angebautes Obst und Gemüse sollten ebenfalls der Gesundheit dienen.

Noch heute ist der Schrebergarten jedem ein Begriff. Doch die Nutzung fällt anders aus als früher.

Es bleibt die Frage: Sind die Menschen – und damit auch die Gärtner – in späteren Gesellschaften gescheiter geworden? Braucht der Deutsche unbedingt ein Bundeskleingartengesetz? Gehört diese Ansammlung von 22 Paragrafen auch zur Kulturgeschichte? Soll das Gesetz etwa verhindern, dass sich die Gärtner über den Zaun hinweg prügeln? Oder die Kohlköpfe an die Köpfe werfen? Dabei sind erdverbundene Wesen doch eher friedlich und meistens mit ihren Pflanzen beschäftigt. Vielleicht wäre eine Überarbeitung der Vorschriften schon deshalb sinnvoll, um mehr jungen Menschen die Freude am Gärtnern zu zeigen. Lasst ihnen Spaß und Spiel! Lasst sie sich frei bewegen und den Garten nach ihren Ideen gestalten! Auch wenn sie dabei nicht immer auf Anhieb den Wert jeder Pflanze erkennen, wie – um nur ein Beispiel zu nennen – den des oft unterschätzten Holunders.

In der Nützlichkeit steht der Holunder (siehe Seite 39) dem Wein in nichts nach. Alle seine Teile sind, richtig dosiert, wertvoll für Mensch und Tier. Der kleine Baum mit krummem Stamm und rissiger Borke hat für jeden etwas zu bieten. Der Schwarze Holunder (Sambucus nigra) ist eine der ältesten und vielseitigsten Heilpflanzen unserer Breiten. In früheren Zeiten war er in ganz Deutschland ein rechter Kultstrauch. Bei jedem Gehöft, am Tor oder an der Gartenmauer, konnte man ihn sehen. Unsere Vorfahren glaubten an seine Kräfte und daran, dass er ihnen Blitz und Teufel vom Haus abwehren und sie gegen Nachtgespenster schützen könne. Außerdem war der Strauch mit den duftenden Dolden und den blauschwarzen Beeren sehr nahrhaft.

Der so genannte „Hollerbusch" beflügelte auch die Fantasie der Märchenerzähler. Während Schneewittchen sich hinter den Bergen bei den sieben Zwergen versteckte, hatte Frau Holle eine Adresse, die einfacher zu finden war. Sie wohnte im Holunder. Außerdem sollte nach altem germanischen Verständnis die Göttin Holla dort zu Hause sein. Sie beschützt das Leben der Frauen, Kinder und Tiere. Liebende trafen sich beim Holderstrauch. Hilfesuchenden bot er Schutz. Reisende nächtigten bevorzugt unter seinem Blätterdach.

Im Holderstrauch (sangen unsere Vorfahren):

Beim Holderstrauch, beim Holderstrauch,
wir saßen Hand in Hand;
wir waren in der Maienzeit
die Glücklichsten im Land.
Wir waren in der Maienzeit
die Glücklichsten im Land.

Beim Holderstrauch, beim Holderstrauch,
da muss geschieden sein.
Komm bald zurück, komm bald zurück,
Herzallerliebster mein!
Komm bald zurück, komm bald zurück,
Herzallerliebster mein!

Beim Holderstrauch, beim Holderstrauch,
da weint ein Mägdlein sehr:
Der Vogel schweigt, der Holderstrauch,
der blüht schon lang nicht mehr.
Der Vogel schweigt, der Holderstrauch,
der blüht schon lang nicht mehr.

Text: Carl Martin Römer (1860–1942)
Melodie: Hermann Kirchner (1861–1929)

Blühender Holunder

Roter Mohn „glüht“ auf den
Feldern im Mansfelder Land.

Blumen als Symbole der Erinnerung

Als Ausdruck bitterer Kulturgeschichte stehen für das Gedenken an schlimmste Geschehnisse, an die vielen Kriegstoten: Vergissmeinnicht, Mohn- und Kornblumen. Sie blühten den Soldaten auf den Schlachtfeldern, beim Sterben in den Schützengräben. Heute sind sie zu Symbolen des Friedens geworden.

Klatschmohn, dieses flammende Ackerinferno, ist der Inbegriff der schönsten Wildblumen. Seine leuchtend seidigen, roten Blüten mit dem schwarzen Kreuz in der Mitte zeigen zum Schluss Fruchtkapseln, die an Cognacgläser erinnern.

Wo immer Erde umgewälzt wird – sei es auf dem Acker oder auf den Gräbern der Schlachtfelder des Ersten Weltkrieges –, der Klatschmohn blüht dort als Erstes. Er steht für England und die Commonwealth-Staaten, woran eine solche Blüte am Revers des britischen Staatsoberhauptes bei Gedenkveranstaltungen erinnert.

Die Sünde ist auf dieser Welt
wie roter Mohn im Ährenfeld.
Man jätet ihn als Unkraut aus
und windet ihn zum Blumenstrauß.

Fred Endrikat (1890–1942)

Kornblume

Vergissmeinnicht

Die königsblaue Kornblume steht für Frankreich. Getragen wird sie an jedem 11.11. des Jahres, dem Gedenktag des Waffenstillstandes. Am 11.11.1918 um 11 Uhr war Schluss mit der ersten Katastrophe des 20. Jahrhunderts.

Außerdem leuchten diese Blumen bei ähnlichen offiziellen Anlässen, zum Beispiel am Volkstrauertag, am Revers des britischen oder französischen Staatsoberhauptes.

Für Deutschland steht das Vergissmeinnicht. Warum eigentlich tragen unsere obersten Regierungsvertreter nie ein solches kleines, blühendes Zeichen des Gedenkens?

Wenn Korn- und Mohnblumen Unkraut sein sollen, dann ist Unkraut für mich ein Unwort.

Für uns heute können Blumen auch Erinnerungen sein. Sie zaubern Urlaubsstimmungen in den Garten.

Mit dem Ende der DDR ging nach vielen Jahren für Millionen Menschen der bis dahin verschlossene Eiserne Vorhang auf. Länder sind grenzenlos geworden. Und das ist natürlich auch für Gärtner von Bedeutung. Im Gegensatz zu damals, als wir eine Weltanschauung haben sollten, ohne uns die Welt anschauen zu können, dürfen wir nun reisen, wohin wir wollen.

Angetan sind viele vom warmen Süden. Manch reisender Gärtner bringt daher gern ein Pflänzchen mit in der Hoffnung, dass es im heimatlichen Garten weitergedeihen und blühen möge. Ob es klappt, ist oftmals ungewiss.

Weil unser Klima doch stetig wärmer wird, spielen auch wir mit den Gedanken, in unserem Garten südliche Gesellen anzusiedeln, die wenig Pflege brauchen und schön blühen können.

Der Platz vom entwurzelten Liguster dort – könnte auf ihm der Sonnenschein reichen für den Hibiskus? Ja, das wird bald klar. Er fühlt sich wohl und zeigt im Spätsommer täglich ein neues Kleid seines leichten, überschwänglichen Blütenschmuckes.

Aus Großbritannien haben wir unseren Lavendel mitgebracht. Trockenheit und Hitze können wir ihm bieten. Bis auf gelegentliches Abschneiden fordert er keinen Pflegeeinsatz. Gärtnerreisen lohnen sich auf jeden Fall.

Und wer zieht noch mit ein als Urlaubserinnerung? Das Alpenveilchen!

Im Schlosspark von La Motte Tilli im südlichen Frankreich, ist der Einfluss eines Englischen Gartens nicht zu übersehen. Eine Wiese voller Alpenveilchen leuchtet uns entgegen; der Abhang daneben ist ebenfalls mit ihnen besprenkelt. Ob sie mit dem rauen Klima an Harzrand zurechtkommen würden? Zyklamen sind gute Stauden für faule Gärtner. Es genügt, sich bei der Pflanzung der Knollen ernsthaft Gedanken über den richtigen Standort zu machen – und dann lässt man sie in den nächsten Jahren einfach in Ruhe. Sie bedanken sich dafür, indem sie sich von ganz allein verbreiten. Und zwar kräftig! Mit Hilfe der Ameisen, die kennen ihren Job.

Das Frühlingsalpenveilchen (Cyclamen coum) beginnt oft schon aus dem gefrorenen Boden und im Schnee mit dem Blühen.

Wenn in Mitteldeutschland bereits die Osterglocken bimmeln, läuten im südlichen Schwarzwald zaghaft die Märzenbecher. Es gibt dort Hänge voll dieser zauberhaften Glöckchen, die wegen des langen Winters dort erst spät erblühen.

Erinnerung an Südfrankreich, Hibiskus

Putto spielt ein Sommerlied

MÄRZENBECHER

ALPENVEILCHEN

Die Zeit, sie orgelt emsig weiter,
sein Liedchen singt dir jeder Tag,
vermischt mit Tönen, die nicht heiter,
wo keiner was von hören mag.

Sie klingen fort.
Und mit den Jahren
wird draus ein voller Singverein.
Es ist, um aus der Haut zu fahren.
Du möchtest gern woanders sein.

Nun gut. Du musst ja doch verreisen.
So fülle denn den Wanderschlauch.
Vielleicht vernimmst du neue Weisen,
und Hühneraugen kriegst du auch.

Wilhelm Busch

Balsam für die Füsse: der privater Waldweg

Abschied vom großen Gartentheater

Denn die wahre Tragik im Welt- wie im Gartengeschehen liegt nicht im Verrauschen der Ereignisse, sie liegt im Erlöschen ganzer Gefühlsbereiche.

Karl Foerster (1874–1970)

Ein wenig kampfesmüde stehen wir zwei alten Gärtner vor dem ausgelichteten „Waldboden". Ist es endgültiger Abschied vom üppigen Blühen? Blumenträume begraben und nur noch den pflegeleichten Garten erhalten? Alle Gartenarbeit passé?

Stellen Sie sich vor: Der Garten ist eine Bühne und Sie sind der Regisseur. In diesem Theater können Sie entscheiden, wer wo mitspielen kann. Wer die Haupt- und wer die Nebenrollen bekommt.

Das Reduzieren der Wünsche ist sicher ein gewisser Selbstschutz im Alter und kann gesundheitlich dem Körper helfen. Doch wo bleibt die Seele dabei? Einerseits macht sich Melancholie im Gärtnergemüt breit; andererseits: Vor so einem umgeworfenen Boden ohne Blütenträume zu stehen – ist das nicht eine Herausforderung? Fragt sich da nicht jeder echte Gärtner: Was ist noch möglich?

Die Kunst des Lassens lernt sich ja bekanntlich schwerer als die Kunst des Tuns. Ein wenig traurig ist er schon, dieser Abschied, diese Umgestaltung. Dabei tränt manchmal etwas das Herz. Symbolisch bleiben ein paar Tränende Herzen (Dicentra spektabilis) stehen. Mit ihrem wildnishaften Charme passen sie außerdem gut in Waldesnähe.

Es steht viel geschrieben in Büchern und Zeitschriften. Doch im eigenen Garten sieht dann alles wieder ganz anders aus.

Auf jeden Fall soll das Gartentheater kleiner werden. Vielleicht sollten wir uns mehr von der Natur helfen lassen? Vielleicht unsere einzige heimische Liane, den Efeu, der immer grün und nützlich ist, einfach wachsen lassen? Doch aufpassen: Efeu allein lässt den Garten melancholisch erscheinen oder verwildert. Er braucht einen blühenden Gegenspieler. Oder zuschauen, wie aus Wildkräutern eine Wiese entsteht? Den Vögeln und den Insekten wäre es recht.

Aber gibt es nicht noch andere pflegeleichte Möglichkeiten, unseren prachtvollen Gartenschönheiten ins Auge zu schauen? Können wir auf unsere alten Tage noch mal für üppiges Blühen sorgen? Wer darf noch weiter auf der Gartenbühne mittanzen?

Winterharte Fuchsie

Roter Fingerhut

Waldgeissbart

O wunderbare Pflanzenwelt,
wir streben, mit sterblichen Kräften,
Schönes zu gestalten,
und es wächst doch sorglos
neben uns auf.“

Friedrich Hölderlin (1770–1843)

Selbst die mit Wasser gefüllte Wanne kann das Ausbreiten des Waldgeissbartes nicht aufhalten. Alle Mühe umsonst.

Verabschieden sollten wir uns von so rauen Gesellen wie dem Waldgeißbart. Natürlich ist sein Auftritt im Juni ein gewaltiges Blühen, ein Festrausch für Hummeln, Bienen und viele schwarze Käferlein. Aber – heiliger Geißbart – wie tobt er sich aus, wenn er erst einmal Fuß gefasst hat! Langlebig und unkompliziert spielt er seine gewichtige Rolle, dieser Brocken an Durchsetzungsvermögen! Er gehört zu den zähesten der Zähen und nimmt sich Plätze im Garten, an denen andere Pflanzen hoffnungslos scheitern. Trinkt auch allen um sich herum das Wasser weg.

Ihn rauswerfen geht nicht, ihm kündigen ist unmöglich, weil er einfach nicht umziehen will. Kein älterer Gärtner kriegt den Spaten in das Wurzelwerk gestochen! Hart und widerspenstig hält er sich im Erdreich fest.

Keineswegs soll aber Gift im Garten eingesetzt werden. Also haben wir eine ganz praktische Methode angewendet und eine Eisenplatte auf den schönen Unhold gelegt. Sie stemmt er einfach hoch. Auch die große, gefüllte Zinkwanne kann ihn nicht aufhalten. Man zwingt ihn nicht, unter der Erde zu bleiben. Deshalb muss Gärtnerin sich etwas anderes einfallen lassen für das mörderische Tun.

Wer soll statt ihm dort gedeihen?

Auf dem gerodeten Waldstück hat die Natur schon vorgearbeitet, sie hat den Boden durch Nadelstreu sauer gemacht. Rhododendren brauchen saures Erdreich. Ansonsten ist der Pflegeaufwand für sie gering. Die verholzenden Sträucher wachsen fast ohne unser Zutun heran. Ein paar der alten verbliebenen Darsteller im Halbschatten, die duftenden Exemplare mit der weißen Blüte – sollten vielleicht noch mitspielen? Mit Rindenmulch bedeckte Wege schlängeln sich an ihnen vorbei, lassen Menschen teilhaben an der Blütenpracht im Mai. Die Blütezeit dieser immergrünen Pflanzen dauert lange.

Ja schon, diese verholzenden Pflanzen sind Trinker und wollen auch Luftfeuchte um sich. Das ist in unseren immer trockner und heißer werdenden Sommern ein Problem. Da müssen wir überlegen, ob Beschattung und Bewässerung reichen, damit die junge Pflanze nicht elend zugrunde geht. Doch das ist auch die einzige Schwierigkeit, die uns Rhododendren bereiten. Dafür kann man sie, wenn es nötig sein sollte, in Hüfthöhe, fast ohne Bücken, mit leichter Schere dirigieren.

In aufrechter Haltung gärtnern – das wär's. Doch Vorsicht beim Zuneigen! Rhododendren sind Anschaffungen fürs Leben. Sie können sehr alt werden. Gärtner muss lernen, mit ihnen zu leben. Allerdings belohnen sie ihn mit einem fantastischen Blütenrausch, der über den sattgrünen Büschen schwebt.

Keinen Abschied sollte es von den Päonien, den Pfingstrosen, geben,

Rose von Rhodos

Rauschhafte Hoffnung – Rhododendren

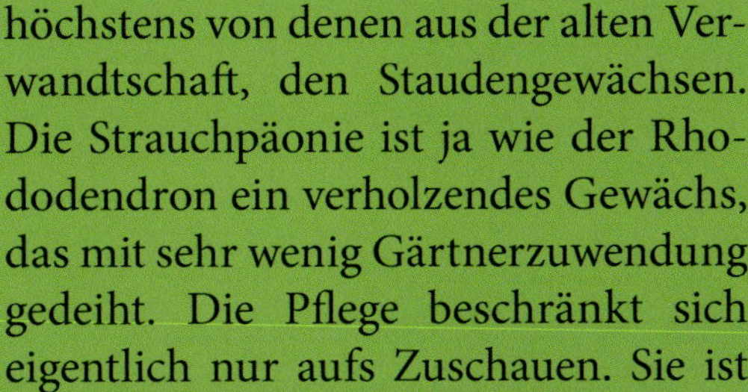

höchstens von denen aus der alten Verwandtschaft, den Staudengewächsen. Die Strauchpäonie ist ja wie der Rhododendron ein verholzendes Gewächs, das mit sehr wenig Gärtnerzuwendung gedeiht. Die Pflege beschränkt sich eigentlich nur aufs Zuschauen. Sie ist eine Rose ohne Dornen, deren schönes Laub bis zum Frost die Erde bedeckt. Man kann sie getrost sich selbst überlassen.

Pfingstrosen (Paeonia suffruticosa) – sind sie nicht die prächtigsten aller Rosen? Wenn unsere Augen müde gewor-

Zuverlässiger Blüher in jedem Mai – Rhododendron

Oben: „Kaiserkron und Päonien rot – die müssen verzaubert sein“, meinte Eichendorff
Unten: Päonien, auch Pfingstrosen genannt

Die kaiserliche Päonie

den sind, die Sehkraft nachlässt, sollten dann nicht die Blumen größer sein? Wie wäre es also mit der Strauchpäonie, der Blume der Kaiser von China? Jahrhundertelang stand sie dort in höchster Anerkennung. Bewunderung zollten ihr auch die Maler in Europa und verewigten sie in ihren Bildern. Auch bei uns entwickelt die Pfingstrose nach dem deutschen Winter eine berauschende Pracht. Die riesigen, oft tellergroßen Blüten dieser Strauchpäonie schaffen zauberhafte Lichtspiele und locken Insekten an. Ihr großer Auftritt ist nahezu pompös, wuchtig und schwer. Aber ihre Grazie unvergleichbar. Trotz ihrer Größe ist sie zart und seidig glänzend.

Außerdem verströmen die treublühenden Päonien interessante Düfte. Manche Menschennasen nehmen sie als auffallendes Odeur wahr. Andere als nach Kuhstall riechend. Die Insekten haben eigene Zuwendungen, wenn sie sich in den großen Blumenschalen zum Speisen treffen.

Päonien können älter als ein Menschenleben werden. Noch nie sah ich eine eingehen. Bei der Zuwendung zu Pfingstrosen gibt es kein laues Mittelmaß. Entweder man wendet sich mit Grausen ab – oder man ist ihnen für immer verfallen.

Ohne Schutz übersteht sie den hiesigen Winter. Allerdings muss der Gärtner mit der Strauchpäonie geduldig sein. Sie ist keine rasch zur Verfügung stehende Geliebte. Sie will nicht bedrängt werden, mag Ruhe und Nachbarn nicht zu nahe. Umziehen will sie ungern. Einem Gärtner, der öfter umpflanzt, wird sie nicht viel Freude machen. Es kann einige Zeit dauern, bis sie sich an ihrem Ort eingelebt hat und endlich blühen mag. Wenn schließlich aber ihre runden Knospen immer praller werden und eines Tages im Mai ihr Auftritt geschieht – welch ein Blütenwunder! Welch prachtvolle Fülle!

Anders als mit der Päonie sollten wir mit dem anmaßenden Waldgeißbart umgehen. Statt ihm tritt der Buchsbaum (Buxus sempervirens) vor das Gärtnerauge. Um wie vieles gemütlicher ist doch das Leben mit diesem immergrünen Pflanzengesellen. Aber bleibt uns betagten Gärtnern noch genug Zeit, das Heranwachsen bedächtiger, runder Buchskugeln zu erleben?

Zufrieden ist der Buchs mit jedem Platz, den der Gärtner ihm anbietet. Ob in Sonne, Schatten, Trockenheit. Für eine Handvoll Kalk zeigt er sich dankbar. Buchs duftet außerdem honigartig und blüht, wenn auch unscheinbar. Bienen besuchen ihn gern. Wenn vom Frühling bis zum Herbst das Blütentheater in Fülle um ihn herumtobt, bleibt er bedächtig und still; ausgleichend.

Mit diesem verholzenden Strauch kann man fast alles machen. Besonders

Buchsbaum

gern hat er es, wenn man ihm runde Formen verpasst. Obwohl die Liebe zum Buchs meist eine Liebe zur Geometrie ist, schmückt und schützt er dauerhaft in ruhiger Weise. Strahlt er nicht auch Ordnungsliebe aus? Manche behaupten, Buchs sei langweilig. Aber ist nicht auch das Leben der alten Gärtner ruhiger geworden? Wenn der Gärtner ab und zu mit handlicher Schere an seinen grünen Buchskugeln herumschmeicheln kann – haben dann nicht seine Hände Freude am Modellieren? Freude an Rundungen, die Erinnerungen an seine jungen Jahre beim Gestalten in ihm wachrufen. Er kann seinen Gefühlen für runde Formen freien Lauf lassen.

Schon früher regte der Buchsbaum die Phantasie der Menschen an. Es steht geschrieben, dass er in der Renaissance als Mittel gegen Kahlköpfigkeit eingesetzt wurde. Außerdem glaubten unsere Vorfahren, dass der Buchs den Teufel und andere böse Geister abwehre, wenn ein stattliches Exemplar neben der Haustür oder dem Gartentor wächst. Denn, so sagt der Mythos, der Teufel kann nicht am Buchs vorbei, ohne in einen Zählzwang zu verfallen. So muss Luzifer jedes einzelne Blättchen zählen. Und er zählt und zählt, und ehe er sich versieht, dämmert schon der Morgen, und er humpelt unverrichteter Dinge von dannen.

Wenn im Winter die anderen Farben verschwunden sind, gibt da nicht sein beständig grünes Kleid Hoffnung? Dann noch eine weiße Schneemütze drauf, und man will gern der Aussage folgen, dass Amors Pfeile aus Buchsbaumholz geschnitzt wurden.

Ob Amors Pfeile auf dem Weg durch die Lüfte bis in unseren Garten gelangt sind? Jedenfalls machen sie auch nicht vor den Vöglein in unseren Bäumen und Sträuchern, Baumhöhlen und Vogelhäuschen halt. Wie das zwitschernde Volk sich alljährlich vermehrt – es ist die pure Freude, die gefiederten Familien zu erleben. Welch großartige Hilfe im Gartengeschehen sind uns diese leichten Gesellen aus den Lüften! Sie besingen den Garten von oben und machen uns Mut. Helfer sind sie aber vor allem, weil sie von den geliebten Pflanzen so manche Schädlinge wegfuttern. Beim Grünspecht klingt das übrigens so, als ob er dabei lacht.

Wie wenig Lärm machen die wirklichen Wunder!

Ein blau schimmerndes Gartenwunder – der „fliegende Edelstein", der Eisvogel – sitzt plötzlich an unserem Teich und erkundet das Revier. Da sind wir heftig glücklich. – Nur haben wir nach seinem Besuch ein Fischlein weniger im Wasser.

Ein häufiger Gast ist der Zaunkönig, der auch im Winter bei uns wohnt. Flink huscht der Winzling durch den Garten. Selbst lockerer Schnee trägt ihn. Manchmal sucht er ein katzensicheres Versteck sogar im Gartensalon. Im Frühling ist der schmetternde Gesang des kleinen Kerls ein Ohrenschmaus. Sein munteres Zwitschern vor Sonnenaufgang ist mit nichts zu vergleichen.

Aus der Familie der Marienkäfer haben wir fleißige, widerstandsfähige Einwanderer, die alles wegputzen an Blattläusen. Hoffen wir dennoch, dass unsere einheimischen gepunkteten Glücksbringer von ihnen nicht ganz verdrängt werden.

Spatz und Schwalben

Es grünte allenthalben,
der Frühling wurde wach.
Bald flogen auch die Schwalben
hell zwitschernd um das Dach.

Sie sangen unermüdlich
und bauten außerdem
am Giebel rund und niedlich
ihr Nest aus feuchtem Lehm.

Und als sie eine Woche
sich redlich abgequält,
hat nur am Eingangsloche
ein Stückchen noch gefehlt.

Da nahm der Spatz, der Schlingel,
die Wohnung in Besitz.
Jetzt hängt ein Strohgeklüngel
hervor aus ihrem Schlitz.

Nicht schön ist dies Gebahren
und wenig ehrenwert
von einem, der seit Jahren
mit Menschen viel verkehrt.

Wilhelm Busch

EIBEN

Auswechseln der Darsteller

Manchem glückt es,
überall ein Idyll zu finden;
und wenn er's nicht findet,
so schafft er's sich.

Theodor Fontane (1819–1898)

Überall und in jeder Lebenszeit? Schafft er das? Gibt es Grenzen?

Nach dem Abschied vom großen Gartentheater folgte für uns ein langer, trüber Winter, der viele Gartenträume einfach weggefegt hat. Wir sind müder geworden. Außerdem ist das Land, ist die Welt seit 2020 von der Corona-Pandemie erfasst, und die Angst vor Ansteckung tragen die Menschen in sich.

Wie bei einer Krankheit sieht man auch bei der Eibe nicht die Gefährlichkeit, die in ihr steckt. Die Eibe ist giftig in allen Teilen außer im Fruchtfleisch. Dieses kann der Mensch zur Stärkung genießen. Die Vögel wissen damit umzugehen.

Und wir Menschen leben in der Hoffnung: „Nach jedem Dezember folgt wieder ein Mai …"

Nordwind bläst und Südwind weht,
und es schneit und taut und schneit;
und indes die Zeit vergeht,
bleibt uns doch nur eins: die Zeit.

Erich Kästner (1899–1974)

Der Sinn der Jahreszeiten übertrifft den Sinn der Jahrhunderte.

Erich Kästner

Fühlen wir das nicht ebenso, wenn der Lenz sich ankündigt? Wie in jedem Jahr gibt es einen hoffnungsvollen sonnigen Morgen, an dem die Luft erfüllt ist vom Duft nach Erde, an dem die Vögel wieder den Garten besingen.

Der Frühling will einziehen. Keine Macht der Welt kann ihn aufhalten, kein Mensch sich ihm entziehen. Ei-

Unsere geselligen Mitbewohner: die Sperlinge

Gefüllte Schneeglöckchen

nes Tages ist er einfach da. Ein warmer Wind hatte die Schneereste fortgeleckt.

Die Ohren vernehmen plötzlich Bienengesumm und die Augen erblicken die ersten Blümchen, die sich aus der Erde schieben. Arg zerzaust und fröstelnd stehen sie im kalten Hauch des Winters. Doch: Die linden Lüfte sind erwacht!

Als dann der
Frühling im Garten stand,
das Herz ein seltsam Sehnen empfand,
und die Blumen und Kräuter und jeder Baum
wachten auf aus dem Wintertraum …

Percy Bysshe Shelley (1792–1822)

WINTERLINGE

Von einem Augenblick zum anderen sind wir vom kalten Leuchten des Winters in die Farbigkeit des Frühlings gelangt. Dann schreitet auch der Gärtner wieder über den Rasen und auf seinen Gartenwegen und denkt hoffnungsvoll: *‚Das Frühlingstheater ist also wieder einmal eröffnet!‘*

Aber ins alt gewordene Gärtnergemüt schleichen sich auch Gedanken um die Endlichkeit. Fragen dieser Art tauchen auf: Könnte sich am Boden nicht von selbst eine neue Gartenbühne entwickeln? Denn die körperlichen Einschränkungen werden ja nicht weniger. Geht es ohne viel Gärtnerhilfe? Nur mit dem Wirken der Natur? Lassen wir das zu?

Blühender Eigensinn: Veilchen

Die schönste Symbolpflanze des Frühlings ist das Veilchen (Viola odorata). Einmal in den Garten geholt, sprießen die Winzlinge überall hervor. Sie allerdings irgendwohin zu pflanzen, wo es dem Gärtner gefällt, das hat wenig Sinn. Denn Veilchen sind äußerst eigenwillig. Sie wurzeln und blühen dort, wo sie sich wohlfühlen, wo ihnen Boden und Lichteinfall behagen. Sonst verduften sie bald wieder.

Doch wer wollte es dem zauberhaften Frühlingsbringer übelnehmen? Wenn nach langen Winterwochen plötzlich aus zerzaustem Laub viele dieser hängenden Tropfen in ihrem unvergleichlichen Blau sich zeigen und öffnen – wer gerät dabei nicht ins Schwärmen?

„Frühlingsgärten ohne Veilchen sind lächerlich, aber sehr häufig", meinte Karl Foerster.

Sie sind zwar zwergig von Statur, aber grandios in ihrer Wirkung. Die Knirpse haben verführerischen Duft und starke Farben. Eroberungsfreudig wandern sie im Garten umher und lassen sich an Stellen nieder, über die manche Gärtnerin (und auch Gärtner) nur den Kopf schüttelt. Geholfen wird ihnen bei dieser Reiselust von den

Viola odorata – Märzveilchen

Ameisen, welche die Samen umhertragen.

Lassen wir die Veilchen herumkriechen, sozusagen verwildern, den Boden mit blauen Kissen besticken? Das kleine Blütentheater auf unterster Ebene sich selber bilden?

Obwohl der Frühling ihre Zeit ist, lugt noch im Oktober so manche Veilchenblüte hervor. Ein Zeichen dafür, dass auch der Spätherbst seinen Frühling hat.

Ähnlich verhält es sich mit den winterharten Alpenveilchen. Wenn ihre zarten Blüten im letzten Winterschnee zittern, dann geht wohl jedem das Herz auf. Auch sie streben manchmal zwischen Kies und Steinen zum Licht, mit ihren schmetterlingshaften, winzigen Blütenköpfen. Ihre immergrünen Blätterteppiche sind zu jeder Jahreszeit interessante Bodendecker.

Weisse Alpenveilchen

Unsere Märzenbecher

Krokusse

Erste Nahrung

Kleines Gartenglück & Elfenblumen (Epimedium)

Zum Hofstaat des Frühlings gehören auch die zauberhaften Märzenbecher (Leucojum vernum). Was für ein Anblick, wenn im Vorfrühlingswind ihre barocken weißen Glöckchen mit grünlichen Zipfeln schaukeln! Wie zur Blüte gewordene Hoffnung! Ein einziges Glöckchen bedeutet so viel wie: wieder mal geschafft! Der Winter ist vorbei.

Acht Wochen später … Was drängt jetzt nicht alles aus der Erde – zum Beispiel diese Krokusse!

Wenn die Wege in den Wald zu weit werden – warum nicht ein Beet mit Maiglöckchen im Garten zulassen? Im zerstreuten Sonnenlicht unter Bäumen gefällt es ihnen. Sie bringen einen Hauch Wald in den Garten. Schnell vermehrt sich diese zarte Maiblume mit ihren unterirdisch kriechenden Wurzelrhizomen, die bis zu acht Glöckchen an einem Stängel hat. Im April durchstechen die hellen Spitzen den Boden dort, wo es ihnen zusagt. Und plötzlich steht da ein Heer dieser mädchenhaft Schönen, um die ein köstlicher Duft weht.

Dieses kleine duftende Liliengewächs kann helfen, das Leben zu durchleuchten. Ist es die Blume der Liebenden? Heilt sie kranke Herzen? In Frankreich haben Maiglöckchen besondere Bedeutung: Jedes Jahr am 1. Mai trägt sogar das Staatsoberhaupt ein kleines Sträußchen am Revers.

Dennoch ist es giftig in allen Teilen.

Die Botschaft der Blume ist das Leben,
die Botschaft der Blume ist der Tod.

Rudolf Borchardt (1877–1945)

Vorsicht vor dem Verwechseln mit dem gesundheitsfördernden Knoblauchgewächs, dem Bärlauch! Seine Blätter und die des Maiglöckchens ähneln sich sehr.

Bezaubernde Elfenblumen machen überall das Pflanzenleben mit, ob Sonnenhitze oder dunkler Schatten, ob Nässe oder Trockenheit, schwerer oder leichter Boden – sie gedeihen überall. Ihr kurzer, zarter Blütentanz im April ist reizend. Romantiker denken an tanzende Elfen.

Bärlauch (Allium ursinum)

Maiglöckchen
(Convallaria majalis)

Nur einmal im Jahr, nach dem Winter, verlangen sie ein wenig Zuwendung. Dann sind ihre Blätter abzuschneiden. Ansonsten stehen sie in allen Monaten mit ihrem marmorierten Laub bodendeckend da.

Er ist's

Frühling lässt sein
blaues Band
wieder flattern
durch die Lüfte;
süße, wohlbekannte Düfte
streifen ahnungsvoll das Land.

Eduard Mörike (1804–1875)

Bald schlängelt der Frühling am Boden auch wieder sein blaues Band durch den Garten – mit den zarten Vergissmeinnicht (Myosotis).

Waldmeister (Galium odoratum) ist ebenfalls hübsches Fußvolk auf unterster Bühne im Halbschatten. „Prosit" mit einer Bowle davon auf den wiederer-

Vergissmeinnicht (Myosotis)

WALDMEISTER (GALIUM ODORATUM)

BLAUE AKELEI (AQUILEGIA VULGARIS)

wachten Lenz! Mancher Pfeifenraucher unter unseren Vorfahren vermischte sein getrocknetes Kraut mit dem Tabak.

Unkompliziert sind auch die interessanten Akeleien. In wechselnden Blütenkleidern tändeln sie durch die Blumenbeete und nehmen eigenwillig dort Platz, wo es ihnen gefällt. Eigentlich sind es die Gärtner, die jedem Neuzugang in ihrem Refugium den Platz zuweisen. Doch es gibt auch Pflanzen, die sich überhaupt nicht nach diesen Plänen richten. Kaum sind sie eingewurzelt, machen sie sich mit neuer Platzsuche ans Werk. Zufällig ist der Standort aber meistens so, dass er auch dem Gärtner recht ist. Im Liebesleben sind sie vielseitig. Zügellos kreuzen und vermehren sie sich mit Ihresgleichen und bringen dadurch in jedem Jahr neue Farben und Formen ihrer Blüten hervor. Sie sind stets für Überraschungen gut, diese unternehmungslustigen, zarten Verführer.

Die gespornten, graziös gebeugten Blumen wirken einfach märchenhaft. Man könnte meinen, die Schöne sei aus einem mittelalterlichen Burggärtlein geflüchtet. Aristokratisch ist ihre Haltung, kunstvoll die Blütenform.

Ob der Dichter Novalis ihre blaue Wildform im Sinn hatte auf der Suche nach der sagenumwobenen Blauen Blume? Oder war es die Schwertlilie? Die Kornblume? Das Veilchen? Die Wegwarte? Das Vergissmeinnicht? Literaten und Romantiker rätseln noch heute darüber.

Rot-weisse Akelei
(Aquilegia vulgaris)

Flieder auf Schloss Mansfeld

Flieder, die Symbolpflanze der Romantik

Ausdauernd und begleitend im ganzen Land, zu allen Zeiten winkt der Flieder, die Gemütspflanze der Deutschen.

Auch wir lassen es von der oberen Etage des Gartentheaters weiterhin auf uns herabblühen in Lila, Weiß und Rot. In dicken Dolden biegt er sich herab, schwer von Farbe und süßem Duft. Früher gab es ihn in jedem Bauerngarten. Immer war der Flieder auch der Muttertagsstrauß.

Im Mai, dem „Mozart des Kalenders", blüht auch in unserem „Altersgarten" der Flieder üppig. Möge er unsere Nasen so lange wie möglich umschmeicheln und beglücken! Auch wenn die Nostalgie, die ihn heutzutage umschwebt, wohl manchen Menschen ein wenig melancholisch macht.

Der Mai

Im Galarock des heiteren Verschwenders,
ein Blumenzepter in der schmalen Hand,
fährt nun der Mai, der Mozart des Kalenders,
aus seiner Kutsche grüßend, über Land.

Es überblüht sich, er braucht nur zu winken.
Er winkt! Und rollt durch einen Farbenhain.
Blaumeisen flattern ihm voraus und Finken.
Und Pfauenaugen flügeln hinterdrein.

Die Apfelbäume hinterm Zaun erröten.
Die Birken machen einen grünen Knicks.
Die Drosseln spielen, auf ganz kleinen Flöten,
das Scherzo aus der Symphonie des Glücks.

Die Kutsche rollt durch atmende Pastelle.
Wir ziehn den Hut. Die Kutsche rollt vorbei.
Die Zeit versinkt in einer Fliederwelle.
O, gäb es doch ein Jahr aus lauter Mai!

Melancholie und Freude sind wohl Schwestern.
Und aus den Zweigen fällt verblühter Schnee.
Mit jedem Pulsschlag wird aus Heute Gestern.
Auch Glück kann weh tun. Auch der Mai tut weh.

Er nickt uns zu und ruft: „Ich komm ja wieder!“
Aus Himmelblau wird langsam Abendgold.
Er grüßt die Hügel, und er winkt dem Flieder.
Er lächelt. Lächelt. Und die Kutsche rollt.

Erich Kästner

Altes Gärtnerherz – trau dich!

Die Zeit, sie orgelt emsig weiter,
sein Liedchen singt dir jeder Tag
vermischt mit Tönen, die nicht heiter,
wo keiner was von hören mag.

Wilhelm Busch

Aus jedem starken Gärtner, aus jeder glücklichen Gärtnerin wird einmal ein alter Mensch, dem die Gartenarbeit schwerfällt. Bisher haben wir in unserem Refugium mit Elan und Begeisterung selber gestaltet, bei Wind und Wetter.

Inzwischen werden körperliche Grenzen spürbar. Manchmal kommt auch noch etwas Ernstes dazu, etwa eine schwere Erkrankung. Und eines Tages merkt man, dass alles verändert ist. Hab dann den Mut zu sagen: Es geht nicht mehr wie früher. Jetzt brauchst du eine Menge Phantasie, denn dein Verhältnis zu den Dingen hat sich merklich gewandelt. Nun des Öfteren Hilfe von anderen anzunehmen, ist das Schwäche?

Im Gegenteil!

Der hochbetagte Gärtner Karl Förster schrieb einmal das Kapitel „Blumengärten für intelligente Faule". Neben vielen Erfahrungen und philosophischen Betrachtungen steht darin die Grundaussage: Weniger Pflegeaufwand betreiben!

In diesem Sinne könnte es für uns alte Gärtner bedeuten: körperliche Beschäftigungen zu übertragen an gute Handwerker und Gartenarbeiter. Lasst sie Steine setzen, sich bücken, rücken, schauen, bauen, reißen und schneiden, rollen und holen … blühende Sachen machen.

Unerträglich scheint mir manchmal der Gedanke, dass diese Stätte nur in hellen Monaten zu bewohnen ist.

Noch schafft es der Garten, manche unserer schlaflosen Nachtstunden mit Plänen um neue Gestaltung zu bereichern. Beim Planen kommen oftmals vergessene Träume zurück. Lass sie mit einfließen!

Falls ordentlich gepflegte Beete gewünscht sind, dann gilt das letzte Einsetzen den widerstandsfähigen und mehrjährigen Pflanzen. Ein hilfreicher Trick dabei wäre, sie so dicht aneinander zu setzen, dass sich kein Wildkraut

Herzlich willkommen!

durchzwängen kann und nur wenig Wasser verdunstet.

Gibt es nicht genügend zarte, wintererprobte Blühwunder in Bodennähe, die ganz von selbst zurechtkommen, für die man keine Gießkanne schleppen oder den Rücken krumm machen muss? Lassen wir auch Laub liegen; es schützt die Erde und wird zu Humus. Auch wenn sich mal Mäuse darunter verstecken. Es wird weiter gewachsen!

War da nicht einmal der Wunsch, Wasser im Garten zu haben? Die Erdmulde, die dem vorherigen Gartenbesitzer zu DDR-Zeiten als Vorratsstelle für sein Gemüse diente, wäre ein Anfang. Mit Wasser gefüllt, wird sie zum Tümpel, in dem sich Seerosen und Frösche sofort wohlfühlen. Das klappte sogar!

Aber größer soll die Wasserfläche werden, in der sich nachts die Sterne und der Mond spiegeln können. Auch möchte der Gartenmensch an heißen Sommertagen zwischen Uferpflanzen eintauchen können.

Gesagt, getan! Beziehungsweise tun lassen: Grube ausheben! Viel Wasser hinein mit der Hoffnung, dass sich hier bald auch Fische heimisch fühlen.

Das Unternehmen hat Erfolg. Das muntere Plätschern von Fischen und das fröhliche Quaken der Frösche regen zum Hinhören an.

Die bunten Schwimmer bringen Bewegung in manchen grauen Tag. Frosch und Erdkröte beleben ihn im Frühling mit ihren Tönen. Rings ums Wasser haben wir Natursteine gelegt. Inzwischen ist der Garten „steinreich" geworden.

Krabbelt die rote Libelle (S. 80) neben dem Wasser nicht wie auf einen Berg hinauf? Das weckt Erinnerungen an eigene frühere Bergtouren. Nur fliegen können wir nicht. Uns bleibt die Erdenschwere, die Haftung an den Boden. Und das passt ja zum Gärtner.

Verändern Sie mutig den Übergang von Arbeitsflächen zu ruhigen Teilen. Verschwinden sollten Pflanzen, die oft zu viel Mühe machen und die in unseren Zeiten des Klimawandels zu viel Wasser brauchen.

Vielleicht dafür Hügelbeete anlegen, auf denen z.B. bescheidenes Heidekraut und anspruchslose Adonisröschen sich um Steine schmiegen und ansiedeln dürfen.

Frosch & Fische

Gartenteich

Fütterung

Zartes Flugwunder

Im Heidekrautbeet

Sedum, immer grün und hoffnungsvoll

Kakteenanpflanzung

Vorsicht!

Kaktus blüht in Mansfeld

Die pflegearmen Sedumgewächse und Sukkulenten, die Hunger- und Durstkünstler unter den Stauden, sind auch bestens fürs Nichtstun geeignet.

Lassen wir schöne Naturbilder auf beschränkter Fläche mit beschränkten Möglichkeiten entstehen! Wie wäre es zum Beispiel mit einem Kakteenbeet? Manche winterharte Sorte hat uns schon ihre Blüten gezeigt, wie beispielsweise der Feigenkaktus. Natürlich ist der Kaktus stachelig gefährlich. – Wehe, wenn wir mit ihm auf Tuchfühlung gehen! Dafür wagt sich auch selten ein Wildkraut unter die stacheligen Gesellen.

Monsieur, Sie luden mich ein, auf eine Woche zu Ihnen zu kommen. (…) Trotzdem werde ich Ihre gütige Einladung nicht annehmen, jedenfalls vorerst nicht, denn höchstwahrscheinlich wird in Kürze mein rosa Kaktus blühen. Er ist ein sehr seltenes Exemplar, und es heißt, dass er in unserem Klima nur einmal alle vier Jahre blüht. Ich bin nun schon eine sehr alte Frau, und würde ich verreisen, wenn mein rosa Kaktus vor der Blüte steht, würde ich ihn gewiss nie wieder blühen sehen.

Sidonie Colette (1873–1954)

Etwas Platz sollte bleiben für die heilsamen, die Gesundheit fördernden Ringelblumen, zumal sie uns keine Arbeit mit dem Aussäen machen. Das tun sie selbst, reichlichst! Wir müssen sie nur an Stellen stehen lassen, die uns gefallen – wo es uns in Gelb-Orange entgegenblühen soll.

Die heiteren Stiefmütterchen, vor allem die verwilderten Arten, bemühen uns auch nicht sehr. Von April bis Oktober tanzen sie mit. In ihrem Wesen steckt Ausdauer. Der altmodische Charme ihrer Blumengesichter wird überstrahlt von einer üppigen Fröhlichkeit, die uns in allen Farben anstrahlt. Dazu bieten sie vielen Insekten Futter. Viele von ihnen senden süßen Frühlingsduft durch die Luft, wie diese tigerhaft gestreifte Art (siehe S. 84 f.).

Wir reduzieren und pflanzen um, die Sonnenhungrigen da hin, die Schattenkinder dort hin. Nicht mehr viel Zeit für Experimente einplanen! Was wird bleiben vom Charakter des ehemaligen Gartens?

Aus der Umgestaltung ergibt sich eine neue Sicht auf den Garten.

Die Schubkarre ist nun kein Arbeitsgerät mehr für den alten Gärtner. Er stellt sie beiseite. Doch wäre sie nicht als Hochbeet zu bepflanzen? Ein rückenfreundlicher Blickpunkt sozusagen?

Niemals

Wonach du sehnlichst ausgeschaut,
es wurde dir beschieden.
Du triumphierst und jubelst laut:
Jetzt hab ich endlich Frieden.
Ach, Freundchen, rede nicht so wild,
bezähme deine Zunge.
Ein jeder Wunsch, wenn er erfüllt,
kriegt augenblicklich Junge.

Wilhelm Busch

Ringelblumen

Blühende Schubkarre

Späte Märzenbecher, Stiefmütterchen, Funkien

Natursteine im Garten als Gestaltungselement

Zieht Gartenglück ins Alter mit?

Eine Staude, die ebenso weiter im Garten bleiben sollte, ist eine aus der Familie der Helenium-Hybriden, die „Langspielplatte" des Sommers. Zwei Monate und länger leuchtet uns dieser Dauerblüher wie Sonnenschein aus den Beeten. Besonders an Tagen, da weniger andere Blumen blühen. Wenig Arbeit macht sie: nur etwas Wasser geben und einmal abschneiden. Kein Wuchern ist von ihr zu befürchten.

Zurück in den kleinen Gartenwald. Stehen lassen wir die Funkien (Hosta), die wohl treuesten unter den Staudengewächsen. Jahrzehntelang leben sie am selben Platz, enttäuschen selten und verlangen fast keine Arbeit. Sie sind sozusagen Freunde fürs Leben. Wenn im Frühling die Triebspitzen wie Bleistifte aus der Erde stoßen, dann darf man sich schon auf die sehr großen Blätter freuen, die bis zur ersten Frostnacht das Erdreich decken (S. 91, links oben).

Man erfährt leider oft erst im Alter, wer die wirklich treuen Freunde sind – im „richtigen" Leben wie im Garten. Man weiß ja, wo man sie findet.

Ähnlich ist es mit den Waldhortensien. Unkompliziert und ausdauernd blüht die „Annabelle" (Hydrangea arborescens) (S. 91, unten). Im Juli hat sie ihren Auftritt. Dann beginnt ihr Verwandlungstheater mit den großen Blütenbällen. Zuerst erscheint sie in Grün, dann in unschuldigem Weiß, um sich letztlich wieder halb zurückzuverwandeln in ein zartes Grün. Dazu duftet die barocke Schönheit ganz besonders.

Wenn der Sommerwind weht, dann ist es gerade so, als ob die Hortensien sich Schneebälle durch den Garten zuwerfen und uns auffordern, mitzuspielen. Momente des Glückes!

Aus ihrer Verwandtschaft begleiten noch andere das üppige Gartenschauspiel. Eine von ihnen, Hydrangea paniculata „Grandiflora", sieht aus wie weißer Flieder, der den Frühling verpasst hat und deshalb im Herbst ein bisschen errötet (S. 90).

Als Trockenblume für den Winter ist besonders „Annabelle" beliebt. Man sagt: Keine Blume stirbt schöner. Legenden ranken sich um diese üppige Erscheinung. Doch auch mit Vorurteilen ist sie bedacht: Sie gilt als hoffnungslos altmodisch. Das ist aber gut so, denn wer wollte die ausdauernde Schöne bestaunen, wenn sie hinter jedem Gartenzaun stände (S. 91)?

Geschnitten werden kann sie, wie es der Gärtnerhand gefällt. Auch macht sie gelegentliche Durststrecken mit,

Korbsessel mit Blumenstrauss

RISPENHORTENSIE

Zu meinen besonders geschätzten Hostas gehört die Schneefederfunkie.

Schönheitswettbewerb

Rittersporn und Hortensie „Annabelle"

obwohl sie eine leidenschaftliche Trinkerin ist. Alles in allem eine zuverlässige Staude, die lange leben kann.

Die Kletterhortensie Hydrangea petiolaris hat weiße, tellerflache Blütenstände und im Oktober ein goldbraunes Blätterkleid. Mauer oder Wand sind ihr recht zum Bewachsen. Rings umher sollte es grünen und blühen, möglichst bis zum Schluss.

Das Auswechseln der Darsteller für den Spätsommer gestaltet sich schwierig. Leider muss diese bunte Üppigkeit verschwinden. Vom geliebten Phlox, der Flammenblume, der mit seinen prächtigen Farben mein langes Gärtnerleben begleitete, beginnt der Abschied. Dabei ist sein Blühen ein Dufterlebnis für alte und schwache Nasen. Doch unsere zunehmend trockenen Sommer bekommen ihm nicht. Behalten möchte ich dennoch meinen „Zauberphlox“, der am Morgen in Blau dasteht, sich tagsüber wandelt und am Abend dann ein lila Kleid trägt. Denn schließlich können wir ein paar halbvolle Kannen Wasser mit gebeugtem Rücken noch zu ihm hinschleppen. Aber halt! Gehören nicht die Blätter des Phlox zu den Lieblingsspeisen der Schnecken?

Karl Foerster, der bekannte Gärtner aus Bornim, meinte: „Ein Garten ohne Phlox ist nicht nur ein bloßer Irrtum, sondern auch eine Versündigung gegen den Sommer.“ Aber er beschreibt ihn auch so: „Der Phlox ist ein Säufer und Fresser.“ Doch wen will man von den Blumen schon ständig füttern und das Wasser reichen?

Es sind nun mal die Kompromisse, die man im Alter eingehen muss.

Spätherbst

Schon mischt sich Rot in der Blätter Grün,
Reseden und Astern sind im Verblühn.
Die Trauben geschnitten, der Hafer gemäht,
der Herbst ist da, das Jahr wird spät.

Und doch, ob Herbst auch, die Sonne glüht –
Weg drum mit der Schwermut aus deinem Gemüt!
Banne die Sorge, genieße, was frommt,
eh Stille, Schnee und Winter kommt.

Theodor Fontane (1819–1898)

Phlox gehört zu den ältesten Pflanzen in unseren Gärten.

Gärtnert der Engländer besser?

Gärtnern ist keine Frage von Renommee oder Reichtum,
Gärtnern ist ein Lebensstil.

Wir haben ein wenig nachgeschaut und stimmen diesen Worten von Beth Chatto (1923–2018) zu.

Es gibt die verschiedensten Gartenstile in den unterschiedlichsten Ländern auf dieser Erde. Über Jahrhunderte sind sie mit der Geschichte, der Kultur, den Menschen ihres Landes entstanden und verbunden. Es gab die Kloster- und Bauerngärten, die Rokoko- und Renaissancegärten. Da sind die französischen, die englischen, die japanischen Gärten. Gibt es auch den deutschen Garten? Liegt sein Stil vielleicht irgendwo dazwischen? Eine Mischung?

Bekannt sind vor allem die klassischen englischen Gärten. Ihr Gedeihen hängt sicher mit dem Klima auf der Insel zusammen, dem gleichmäßig feuchten. Doch da muss es noch etwas anderes geben, das diese lange Tradition wachsen ließ, warum das Gärtnern dort gewissermaßen zur „Volkskrankheit" wurde. Was macht diese Harmonie in der Weite aus?

Allgemein kann vielleicht gesagt werden, dass der nach innen gewandte Garten sich nach außen kehrt und mit der offenen Landschaft verbindet.

Als Beispiel für das Nachempfinden des Englischen Gartens in Deutschland kann der Wörlitzer Park dienen, den Fürst Franz von Anhalt-Dessau (1740–1817) im 18. Jahrhundert schuf. Ein guter Landesherr, der das Nützliche und Schöne zum Wohle der Menschen errichten ließ.

Gartenreisen nach England waren auch früher schon angesagt. So konnte dieser aufgeschlossene, naturverbundene Regent in Wörlitz das Gartenreich auf großer Fläche gestalten lassen.

Die Inspiration zu manchem Park oder Rhododendrongarten bei uns mag ihren Ursprung in einer Besuchstour in das milde Nebelland haben. Viele deutsche Gärtner träumen von einer Gartenreise nach England, und manche machen diese Träume wahr. Doch heutzutage reisen auch Engländer nach Deutschland, um hier die Gärten und Parks zu erleben.

In England heißt es: „Ein Garten verändert sich alle zehn Jahre, weil sich dann Lebenssituationen und Er-

GROSSMUTTER UND ENKELIN BESUCHEN ENGLISCHE GÄRTEN.

fahrungen verändert haben." Nichts bleibt, wie es ist!

Das gilt natürlich auch für Deutschland. Dennoch unterscheiden sich die beiden Länder darin, wie die Menschen mit ihren Gärten umgehen.

Haben Sie schon einmal einen sehr alten Gärtner in England beobachtet? Natürlich schmerzt auch ihm manchmal das Kreuz, auch er muss sich mühevoll bücken oder den Rücken krümmen. Doch – wirkt es bei ihm nicht leichter? Oder ist es Demut?

Demut gehört zum Gärtnern. Denn die Natur zeigt uns immer wieder unsere Grenzen. Und der Gärtner muss darauf gefasst sein, dass er immer wieder Überraschungen erlebt.

Der Engländer hat eine besondere Beziehung zu seinem Garten. Sie ist ihm eine Herzensangelegenheit. Vielleicht gibt er mehr Geduld, Liebe und ständige lustvolle Pflege hinein? Ihm ist der Garten keine eigentliche Arbeitsstätte – eher Ausdrucks- oder Spielareal.

Dieser Leichtigkeit steht die Sachlichkeit des Deutschen gegenüber. Möglicherweise liegt der Unterschied bei der Gartenentwicklung auch mit daran, dass in England viele bekannte Gärtnerinnen, wie zum Beispiel Gertrude Jekyll (1843–1932) und Vita Sackville-West (1892–1962), durch ihre Ideen führend waren. Als die größeren Garten-Enthusiasten setzten sie Maßstäbe.

Vielleicht liegt die größte Anziehungskraft eines Gartens darin, dass man dort immer eine Beschäftigung finden kann. Wenn der Geist und die Hände betätigt werden, sind Sorgen bald vergessen.

Alicia Amherst (1865–1941)

Welche Lust, auf den geschwungenen Wegen dieser urgemütlichen und kunterbunten Cottage-Gärten zu wandeln. Sie wirken freundlich, niemals rausgeputzt. Der gartenverrückte Engländer holt auch mal Pflanzen aus Wald und Wiese herein. Alles darf bunt durcheinanderwachsen.

Damit die wilde Romantik dieser prall gefüllten Bauerngärten, zu denen auch unbedingt Rosen gehören, nicht ausufert, gestaltet er mit Beeteinfas-

Das Schöne vor der Haustür: Wörlitzer Park

Lustwandeln

Links: Dufterlebnis am Rosenbaum

sungen, zum Beispiel mit Buchs, Mangold, Gemüse, Rhabarber, Frauenmantel, Glockenblumen und anderem. Seine bunten Rabatten wirken oft wie ein Puzzlespiel. Bei der Beschäftigung in Gärten sind Frauen und Männer gleichermaßen freudig begeistert.

In Deutschland hat man den Eindruck, dass Blumen, Pflanzen, Beetpflege weibliche Domänen sind. Ideen und Gestalten kommen von der Frau. Der Mann arbeitet mit, schleppt Steine und baut, bedient die Motorsäge und ist ansonsten zuständig für Grill und Rasenmäher – fürs Praktische eben. Für Kinder kann es zur Strafe werden, wenn sie im Garten mitwirken müssen.

Dem Deutschen ist es oftmals wichtig, wie der Nachbar gärtnert. Der Blick über den Zaun sozusagen. Wie ordentlich sieht es dort aus? Welche Anpflanzungen könnte ich überbieten?

Wenn etwas nicht so wächst, wie es der deutsche Gärtner gern möchte, wird es rausgeworfen und etwas anderes gepflanzt. Während der Engländer denkt: Abwarten und Tee trinken. Wo der Engländer mit dem Herzen gärtnert oder spielerisch mit seinen Pflanzen und Blumen umgeht, da arbeitet der Deutsche. Und er tut das mit aller Kraft und Rationalität, nicht selten kämpferisch bis zur Erschöpfung. Dazu gehören Lehrbücher und viele verschiedene Arbeitsgerätschaften. Er entwickelt oft eine nüchterne Energie auf der Suche nach dem Richtigen, zum Beispiel Wildkraut, Unkraut

Liebesperlenstrauch
(Callicarpa bodinieri)

Englisches Flair in Sissinghurst

muss raus. Ein Blumengarten allein ist noch kein ordentlicher Garten, meint mancher. Ohne Gemüse kann es kein richtiger Garten sein.

Aber – gibt es ein Richtig oder Falsch im Garten? Das ist wie mit der stetigen Suche nach der Wahrheit! Doch – Wahrheit aus wessen Sicht? Aus der der Pflanzen? Der Tiere? Der Menschen? Welche Natur-, welche Weltanschauung ist die richtige? Und auch diese ist ja dem immerwährenden Prozess des Lebens, der Entwicklung unterworfen.

„Wie viel man doch lernt, wenn man fremde Gärten besucht", schreibt Vita Sackville West. Sie lobte auch ihn, den attraktiven Liebesperlenstrauch (Callicarpa bodinieri). Er erfreut nicht nur dem dem reizenden Fruchtschmuck seiner lilafarbenen, glänzenden Beeren, sondern bedeckt auch Bodenfläche, die nicht mehr bearbeitet werden muss. Und so zog er in unser Mansfelder Blumenreich ein.

Auf einer Gartenreise Eindrücke zu sammeln und an den Garten daheim zu denken, ist etwas Schönes.

Englisches Flair in Mansfeld

Enkelin im Garten von Sissinghurst

Zuerst ist es eine Augenweide. Dann kommt manchmal das Herz dazu und es entstehen Pläne für das heimatliche Stück Erde. Und sei es ein Schrebergarten! Die Gedanken werden angerührt, wenn man die Weite der englischen Landschaftsgärten erlebt hat.

Richtungsweisend für uns könnte auch sein, was der große Gärtner Karl Foerster aus Bornim in seinem Kapitel „Blumengärten für intelligente Faule“ gesagt hat: „Kein Land, in dem Gärtnerei in höherem Maße von den Interessen und Liebhabereien des Gartenfreundes ausgegangen ist als England, und keines, in dem der gärtnerische Beruf wirtschaftlich und gesellschaftlich auf höherer Stufe steht.“

England gilt ja allgemein als das Mutterland des Gärtnerns.

Ade, Großbritannien, pflanzenbegünstigt! Ade, du grüne Insel!

Ach ja, die Engländer und ihre Gärten … So viel besser als wir gärtnert der Engländer vielleicht gar nicht! Nur viel leichter.

Sissinghurst von oben

Mach dich auf und sieh dich um.
Reise mal ein bissl rum.
Sieh mal dies und sieh mal das
und pass auf, du findest was.

Wilhelm Busch

Der Garten – Spiegelbild unseres Alterns?

Solange Herz und Auge offen,
um sich am Schönen zu erfreuen,
so lange darf man freudig hoffen,
wird auch die Welt vorhanden sein.

Wilhelm Busch

Vielleicht gehört man zu den Menschen, für die Garten mehr ist als ein Hobby? Ausdruck einer Lebensweise? War das Leben durch ihn, mit ihm reicher gewesen?

Wie hast du ihn angeschaut? Sobald es regnete, sagtest du, dein Garten bekommt Regen ab. Wenn die Sonne schien, war es dein Garten, auf den sie strahlte. Und in der Nacht freutest du dich, dass dein Garten in ihrem Dunkel ruhte. Ist er nicht ein Stück der Seele geworden? Man sagt ja auch: Der Garten heilt.

Was von uns spiegelt sich nicht alles durch den Garten wider! Rücken – Gelenke – Herz – Lunge. Am wichtigsten davon ist wohl das Herz. Denn: Wer mit dem Herzen gärtnert, dem gelingt vieles.

Doch was geschieht, wenn die Kraft zum Tun in der Erde nachlässt? Diese große Herausforderung spürt jede alte Gärtnerin, jeder alte Gärtner irgendwann am eigenen Körper. Abzuwägen ist: Was geht noch und was nicht mehr? Das gilt es nun herauszufinden.

Alter kommt – Garten geht?

Muss das sein? Dabei wissen wir alle: einmal Gärtner – immer Gärtner! Gärtnern bleibt eine Lebensaufgabe. Warum also nicht so lange wie möglich das selbstgeschaffene Stück Natur bewahren?

Man nimmt sich vor, nichts weiter in der Erde einzubuddeln, keine Sa-

Die Herbstanemone (Honorine Jobert) bewahrt bis in den Herbst hinein ihre frühlingshafte Eleganz.

mentüte mehr zu kaufen, sich von keiner Narzissenzwiebel locken zu lassen, jeder Verführung zum Rosenkauf zu widerstehen! Die Tulpenzwiebeln, die ja ständig tiefer ins Erdreich streben, nicht mehr hochzugraben. Lass sie sich da unten tummeln oder halt eingehen. Keine volle Gießkanne mehr zu schleppen! Bei Durst muss der Schlauch zur Hand sein. Sich künftig weniger zu bücken, stattdessen Hochbeete anzulegen! Seltener Äste abzuschneiden!

Die meiste Arbeit wartet am Boden. Da bleibt irgendwann das Ziehen im Kreuz nicht aus. Spätestens jetzt hält der Gärtner inne. Wenn der krumme Rücken schmerzt und es einer seltsamen Sportart ähnelt, sich nach dem Knien wieder hoch in die Senkrechte zu drehen. Wenn der Arzt besänftigend sagt: „Na ja, bedenken Sie Ihr Alter!"

Ja, was haben wir gegraben, gehackt und sonstige ruppige Erdarbeiten vollführt! Wo ist die Zeit, als wir mit gebeugtem Körper und frohen Mutes in der Erde buddelten, bis das Tageslicht versank! Wo sind jene Tage im Mai, als man nach der Plackerei am Abend den Rücken straffte und zufrieden ausrief: „Was hab' ich heute wieder geschuftet", und dabei ein müde-zufriedenes Grinsen übers Gesicht zog.

Das Verhältnis zu den Dingen hat sich merklich geändert, seit uns vor Jahrzehnten das Gartenvirus infiziert hatte. Es war eine „Krankheit", die wir gern getragen haben. Und Heilung gibt es sowieso nicht. Nun müssen wir eben noch das Altern dazunehmen mit all seinen Beschwerlichkeiten.

Weil wir das Gärtnern freiwillig und sogar mit Liebe machen, kann man zu Recht sagen: Schmerzen, die man sich selbst zufügt, sind keine.

Was heisst „altersgerecht" Gärtnern?

Garten und Gärtner haben sich im Laufe der Jahre gegenseitig geformt. Wie viele Gartenbücher wurden gewälzt, Gespräche geführt, Beobachtungen gemacht! Wie vieles bestellt, gekauft, ausprobiert! Mancher Mensch ist dabei zum Schöpfer oder Züchter geworden. Viel Wissen wurde angehäuft, um den „perfekten" Garten gestalten zu können, den „Paradiesgarten" sozusagen. Doch so ein paar Gartenjahre laufen schnell dahin, und schwupps – ist man alt geworden. Und eines Tages stehen dann die Gärtnernden in ihrem Areal und merken plötzlich sehr heftig das Alter.

Hier fällt es schwer, die Arbeit loszulassen.

Der Körper will nicht mehr so recht mitmachen.

Zu allem gehabten Gartenglück gehört auch das Abschiednehmen, das endgültige Loslassen. Darüber tröstet auch die Hoffnung auf einen neuen Frühling nicht hinweg. Die Trauer muss erst einmal ausgehalten, gelebt werden, bevor neue Hoffnung wachsen kann.

Nun zwickt es hier und da, die Luft wird eng bei mancher Anstrengung. Erste Zeichen von Gebrechlichkeit winken. Was nun? Vielleicht erst mal mit Pflanzen etwas gegensteuern?

Man sagt ja, gegen (oder für) alles ist ein Kraut gewachsen. Da stehen Salbei und Minzen, aus denen stärkender Tee werden kann, Johanniskraut, das die Melancholie verscheucht, Frauenmantel, der vieles heilt. Jeder muss wohl selbst herausfinden, welches Kraut für ihn gewachsen ist. Für mich ist es der Lavendel. Als Tee getrunken oder in

Kissen zum Schlafen gefüllt – das gibt Ruhe. Dann gibt es noch Bärlauch und Brennnessel sowie viele wohlschmeckende Kräuter; sie können manches Zipperlein verschwinden lassen. Doch sie können keine Gelenke neu machen.

Wenn die alte Gärtnerin kniend im Blumenbeet wuselt und plötzlich den Hexenschuss spürt – dann hilft auch nicht mehr der nette Ausspruch vom leidenschaftlichen Gärtner Karel Čapek, der meinte: „Die klügsten Männer sind jene, die ihrer Frau einreden können, dass Gartenarbeit schön macht."

Fortuna lächelt, doch mag sie ungern voll beglücken.
Schenkt sie uns einen Sommertag, so schenkt sie uns auch Mücken.

Wilhelm Busch

Bisher haben wir manche Fehlschläge locker als „Erfahrung" verbuchen können. Gärtnern heißt ja auch, ständig neue Erkenntnisse zu gewinnen. Heitere Erkenntnis war auch die mit Wilhelm Busch:

Wem Mutter Natur ein Gärtchen gibt und Rosen dazu – dem schenkt sie auch Raupen und Blattläuse, damit er's verlernt, sich über Kleinigkeiten zu entrüsten.

Wilhelm Busch

Kleinigkeiten?
Inzwischen stehen wir im Herbst des Lebens. Und mit ihm hat sich die Erkenntnis eingeschlichen, dass alles Tun ein Ende hat. Durch das Leben mit den Jahreszeiten hat man erfahren, wie flüchtig alles ist. Eine Rose, noch halb in der Knospe, ist wie ein Kunstwerk. Wenn sie aufgebrochen ist, ist das Schönste fast vorbei, wäre da nicht die Duftentfaltung. Dann ist sie schon auf dem Weg zum Welken, und dir wird klar, dass du jede Minute genießen solltest.

Nun weiß man erst, was Rosenknospe sei,
jetzt, da die Rosenzeit vorbei.
Ein Spätling noch am Stocke glänzt
und ganz allein die Blumenwelt ergänzt.

Johann Wolfgang von Goethe

David Austin-Rose auf einem Stängel

Goethe war vom Pflanzen- zum Gartenliebhaber geworden. War der Initialfunke dazu der Selbstmord der schönen, jungen Adligen – Christel von Laßberg – gewesen? Sie stürzte sich an einem bitterkalten Januarmorgen 1778 in die Ilm. Man fand in ihrer durchnässten Kleidung Goethes „Werther". Goethe ging ihr Tod so zu Herzen, dass er für sie ein bleibendes Andenken erbauen ließ, an dem er selbst mitarbeitete: die kleine Felsengruft. Dieser Platz wird als Keimzelle des Weimarer Parks an der Ilm gesehen, der sich dann im englischen Stil erweiterte. Hat sich so nach dem Tod etwas Neues entwickelt?

In der Natur fand Goethe vieles, vor allem Schönheit. Er hatte seine Empfindungen, als er schrieb: „Das Pflanzenreich rast wieder einmal in meinem Gemüte." Was meinte er mit diesem Satz? Mensch – Natur – Kunstwerk? War sein Garten zu üppig geworden? Quälte ihn seine Leidenschaft für Schönheit? Wollte auch er Platz schaffen für Neues?

Die Seele eines Gartens offenbart sich durch die Beschäftigung mit dem Boden, den Pflanzen, der Pflege. Deshalb sind Gärten auch so unterschiedlich und so spannend wie die Charaktere, die darin leben.

PALAIS BIRON

Ich bin ein Freund der Pflanze, ich liebe die Rose als das Vollkommenste, was unsere deutsche Natur als Blume gewähren kann; aber ich bin nicht Tor genug, um zu verlangen, dass mein Garten sie mir schon jetzt, Ende April, gewähren soll. Ich bin zufrieden, wenn ich jetzt die ersten grünen Blätter finde, zufrieden, wenn ich sehe, wie ein Blatt nach dem anderen den Stängel von Woche zu Woche weiter bildet; ich freue mich, wenn ich im Mai die Knospen sehe, und ich bin glücklich, wenn endlich der Juni mir die Rose selbst in aller Pracht und in allem Duft entgegenreicht. Kann aber jemand die Zeit nicht erwarten, der wende sich an die Treibhäuser.

Goethe im Gespräch mit Eckermann, 27. April 1825

Maximiliane vor Rose Westerland

So hoheitsvoll wie der Dichterfürst mag es der Humorist Wilhelm Busch nicht gemeint haben mit seinen Versen:

Die Rose sprach zum Mägdelein,
ich muss dir ewig dankbar sein,
dass du mich an den Busen drückst
und mich mit deiner Huld beglückst.

Das Mägdlein sprach: O Röslein mein,
bild' dir nur nicht zu viel drauf ein,
dass du mir Aug und Herz entzückst.
Ich liebe dich, weil du mich schmückst.

Wilhelm Busch

Wie der Jahreslauf neigt sich auch das Leben in uns wie in jeder Rose irgendwann seinem Ende zu. Der Dichter Hebbel hat dies treffend beschrieben:

Sommerbild

Ich sah des Sommers letzte Rose stehn,
sie war, als ob sie bluten könne, rot;
da sprach ich schaudernd im Vorübergehen:
So weit im Leben ist zu nah am Tod!

Es regte sich kein Hauch am heißen Tag,
nur leise strich ein weißer Schmetterling;
doch ob auch kaum die Luft sein Flügelschlag
bewegte, sie empfand es und verging.

Friedrich Hebbel (1813–1863)

Rose Florentina im Tau

Madame Anisette mit dem starken Anisduft

Rosen: Vorsicht – Suchtgefahr!

Der Juni kam. Lind weht die Luft.
Geschoren ist der Rasen.
Ein wonnevoller Rosenduft
dringt tief in alle Nasen.

Wilhelm Busch

Da ist sie wieder – die Versuchung zum Festhalten: Rosen – dornig, edel, schön.

Zu allen Zeiten wurde die Königin der Blumen geliebt. So auch von Karoline von Hessen-Darmstadt, der Urahnig der Kaiserin Augusta und des Kaisers Wilhelm II. Sie besaß damals den Residenzgarten in Bouxwiller im Elsass, wo auch die schönsten Rosen ihrer Zeit standen. Johann Wolfgang von Goethe hatte 1770 bei einem seiner Besuche in dieser Gegend den Garten mit Versailles verglichen, ihn „Petit Versailles" genannt.

Nur am Rande bemerkt, aber keine Randerscheinung: Der Gärtner an meiner Seite wuchs in Bouxwiller auf. Allerdings war der Ort, diese Landschaft da schon längst nicht mehr, wie zu der Kaiserin Zeiten, in deutscher Hand.

Das zeitlose Sinnbild unter den Blumen ist die Rose. Keine andere Pflanze wurde so häufig und ausführlich beschrieben in der Weltliteratur. Viele Bücher und Lieder sind ihr gewidmet. Seit Urzeiten schon spielen Rosen eine bedeutende Rolle im Gefühlsleben der Menschen. Sie wecken Liebe und Zuneigung. Es ist eigentümlich, wenn man bedenkt, welch großen Raum die Rose und alles, was sie verkörpert, in unserer Welt einnimmt. Sie besitzt beinahe ein Monopol für alle Bewunderung und gehört zu den wichtigsten Symbolen der Literatur und der Liebe. In ihrer Natur liegt etwas Mysteriöses – eine innere Faszination, eine zarte Kraft, ein versteckter Zauber, den nur sie ausübt und keine andere Blume besitzt – etwas, das die Liebe der ganzen Welt auf sich zieht.

Candace Wheeler (1827–1923)

Novalis (1772–1801), dieser traumschwere, traumsüße Dichter der Frühromantik, dessen Worte nach Wein und Blut klingen, stammte aus Oberwiederstedt in der Mansfelder Umgebung.

Seinen Namen gab man dieser lavendelblauen Rose mit dem nostalgischen Look. Ihre zahlreichen, stark gefüllten Blüten stehen bis in den Oktober hinein am Strauch. Angeboten wurde sie in der Rosenschule mit dem stolzen Hinweis, sie werde bis 80 Zentimeter hoch. Bei uns hat sie inzwischen eine Höhe von über zwei Meter erreicht.

Das Aufbrechen der ersten Rosenblüten im eigenen Garten bringt Momente des Glücks, die nicht ohne Folgen bleiben. So sind auch wir ihrem Charme erlegen.

Dass Rosenstacheln zu gefährlichen Waffen werden können, das lernen wir bald. Doch was macht es schon, wenn sie der Gärtnerin ihre Stacheln entgegenstreckt wie ein gereizter Igel, wenn das Hemd dabei zerrissen wird, wenn manch blutige Schramme tropft? Oder wenn die aparten falschen Dornen aus den Fingern gezogen werden müssen?

Rabindranath Tagore hinterließ den schönen Satz: „Die Rose ist unendlich viel mehr als eine errötende Entschuldigung für ihre Dornen."

Die duftende Rose gleicht all das wieder aus. Wie beispielsweise „Anastasia" und die „Gräfin von Hardenberg".

Vierzig Jahre lang hatte ich einen Schrebergarten zu hegen, war also vertraut im Umgang mit Rosen. Der Garten lag bei einer Bergarbeitersiedlung nahe dem Hütten-Großbetrieb. Oft zogen Gase und grau-gelbe Rauchschwaden aus den maroden Industrieanlagen über unsere Gärten. Die Wasserpfützen auf dem Weg zum Garten schillerten bunt. Aber nicht deshalb, weil sich Blumen, Sonne, Himmel darin spiegelten, sondern weil sich die Gifte aus der Luft darin niederschlugen. Neben den Gärten und Wohnblöcken waren „ruß- und rauchfeste" Bäume gepflanzt in der Hoffnung, diese Luft zu filtern. Doch das gelang nicht gut, denn die Schornsteine der Industriegebäude, welche die Giftgase ausstießen, waren recht hoch. Die Menschen husteten und flohen in die Häuser, wenn der Wind ungünstig kam.

Im Garten blühten die Rosen trotzdem. Waren sie doch zu DDR-Zeiten auf abenteuerlichen Fahrten nach Anstehen und manchem Kaufkampf von uns erworben. Da standen sie nun: Roter Stern, Maskerade, Lili Marleen, Mainzer Fastnacht, Sutters Gold, Queen Elisabeth, Lawinia – und wie sie alle hießen. Kaufauswahl hatten wir dabei selten. Aber auch das bunte Sammelsurium beglückte uns; es waren Farben im oft grauen DDR-Alltag. Manchmal lag eine dünne Rußschicht auf den zarten Blumen. Das Blühen ließen sie sich

Rose Novalis
Die lavendelblaue Rose erhielt ihren Namen nach dem Dichter aus dem Mansfelder Land.

Es überblüht sich!

Sie schmückt selbst den Abfalleimer

Rose „Black Forrest“

Rose „Gräfin von Hardenberg“

Duftrose „Westerland“ schmeckt köstlich in der Bowle.

Die Rosennärrin unter der „Santana“

trotz giftiger Gase nicht nehmen. Es war wohl so eine Art Widerstand gegen die Umweltverschmutzung.

Doch dann kam eine andere Zeit und mit ihr unser Altersgarten.

Wissen und Sehnsüchte sind gestiegen. Fällt uns heute ein Rosenkatalog in die Hände – schon ist es geschehen! Dann heißt es, stark sein und Zurückhaltung üben. Man ist der Sucht nahe. Vorsicht! Ansteckungsgefahr! Die besten Plätze im Garten und in unseren Herzen hat sie sowieso schon erobert, die Königin der Blumen. Im Laufe der Jahre haben wir sie einziehen lassen in unser Gartenparadies.

Inzwischen wissen wir auch, dass die Rose eine richtiggehende Zauberkünstlerin ist. Ob Kunstfigur oder Abfallgefäß – sie kann allem Glanz verleihen. Sie kann umwandeln oder verzaubern. Außerdem stellt sie die verschiedenen Menschennasen vor spannende Fragen: Wie nehmen sie Düfte wahr?

Komm doch in den Garten!
Ich hätte gerne, dass meine Rosen Dich sehen.

Richard Brinsley Sheridan (1751–1816)

Wer zählt die Sorten, nennt die Namen, die blühend hier zusammenkamen? Acapella, Amadeus, Santana, Anna von Kiew, Artemis, Madame Anisette, Kiss me Kate, Sunrise, Johann Wolfgang von Goethe, Marie Curie, Libertas, Jasmina, Papageno, Schneewittchen, Gräfin Diana und viele weitere Schönheiten mit klangvollen Namen. Die Königin der Gartenblumen lebt in unserem Garten mit mehr als 100 ihrer Schwestern. Übervoll im Paradies?

Dass keine Rose ohne Dorn
bringt mich nicht aus dem Häuschen.
Auch sag ich ohne jeden Zorn:
Kein Röslein ohne Läuschen.

Wilhelm Busch

Jedoch sollten unsere Schönheiten natürlich unbedingt duften! Sie sollen unsere Sinne so lange wie möglich verwöhnen! Eine Rose ohne Parfüm gehört sich einfach nicht. Rosen, die nicht duften – das ist eine klare Fehlentwicklung.

Da sind nun die Rosenzüchter gefragt. Führend auf diesem Gebiet zeigen sich jene aus dem Mutterland des Gärtnerns, aus dem Nebelland, um das der Golfstrom führt. Was hat doch der englische Rosenkenner David Austin

Crown Princess Margareta

für großartige Sorten geschaffen! In Farbe, Form und Duft lassen sie kaum noch Wünsche offen. Unter ihnen sind auch Sorten, die sich in unserem rauen Klima wohlfühlen, wie zum Beispiel die Crown Princess Margareta (siehe Bild oben), The Pilgrim und The Generous Gardener.

Es gibt gewiss viele andere Gartenschönheiten, die prächtig blühen und gegen manches Wetter widerstandsfähig sind. Wenn aber die alternden Gärtner die Wahl zur Neupflanzung in ihrem Gartenreich haben – zum Beispiel die zwischen Rose und Dahlie –, was sollten sie bedenken? Wer soll dominieren?

Die Dahlie wird gern mit der Rose verglichen, weil auch sie in reizvollen Formen und leuchtenden Farben erblüht. Sonnenplätze wollen beide. Doch unter den Rosen gibt es kompromissbereite Sorten, die auch mit etwas Schatten zurechtkommen. Und wie ist es bei Dürre und Frost? Rosen trotzen Schnee und Eis, sie lassen Winterstürme über sich ergehen. Um Dahlien zu schützen, ist für Gärtner im Herbst ordentlich Spatenarbeit angesagt. Die großen, fleischigen Knollen

The Pilgrim

The Generous Gardener

rote Dahlien

„Ilse Krohn" und Sandsteine auf Metallstielen tanzen im Sommerwind

müssen aus dem Boden geholt und in jedem Frühjahr wieder hineingegraben werden. Im Winter gefällt es Dahlien draußen gar nicht; da drohen sie mit dem Tod. Kommt der erste Frost mal unverhofft früh durch den Garten geschlichen, dann stirbt die Knospe. Also muss man zum Überwintern das Wurzelwerk ins schützende Haus schleppen.

Wie anders hingegen bei den Rosen. Überstandene Fröste machen sie widerstandsfähiger und noch blühwilliger. Rosenknospen können auch nach leichten Frostnächten im Spätherbst Überraschungen zeigen.

In Hitzesommern hat der Gärtner für die Dahlien unzählige Gießkannen voll Wasser zu schleppen. Sonst machen sie schlapp. Während Rosen mit ihren tiefen Wurzeln in unterer Erdschicht sich selbst bedienen, bei Bedarf trinken können.

Was verlangt die Rose sonst noch von uns? Sie steht ja fest im Boden, und das viele Jahre lang. Schneiden und Herumhantieren mit leichter Schere könnten den alten Menschenhänden noch Freude machen. Eine der Schönen, zum Beispiel die Anna von Kiew, für die Vase ins Haus zu holen – welche Augenweide: reinweiß und edel.

Dann gibt es einige, die am Wegesrand, in Nasennähe, ihren Duftcharakter entfalten. Im aufrechten Gang kann man ihnen ins Gesicht sehen.

Auch noch im November!

Wer punktet noch beim Duft und sorgt dabei für die Rosenbowle, die man am liebsten literweise ansetzen möchte? Die kupferorangefarbenen Blütenblätter der Strauchrose „Westerland" und die rosaroten der historischen Rosen „Mme Boll" (1859) und „Louise Odier" (1851)? Für mich sind diese alten Sorten schon längst geliebte Begleiterinnen. Wenn mit dem Sommer auch ihr Duft nachlässt, wenn er „ältlich" wird, dann nehmen die Blüten einen silbrigen Farbton an.

Wenn Rosen ihre schlafenden Augen aufschlagen, dann tanzen Gärtners Freude und Phantasie. Was für ein Augenblick, wenn ihre Schönheit das Herz erreicht! „Chippendale" gehört zu meinen Lieblingen. Sehr früh erblüht, zeigt sie aber manchmal sogar noch

Anna von Kiew

Florentina

Acapella

Rose „Anastasia"

Sutters Gold

im Dezember ihre vielfache Schönheit. Und so viel Durchhaltevermögen!

Und warum habe ich mich so schnell in „La Rose de Molinard“ verliebt? Beim Blick auf ihr leuchtendes Farbkleid, das von Rosa bis Pink variiert, umwehte mich plötzlich ein bekannter Duft – der nach Veilchen! Schon Grund genug für diese Liebe. Dazu ist die Rose auch noch außergewöhnlich gesund, standhaft und eine fleißige Dauerblüherin.

Mancher Rosenstock der älteren, schwächeren Art ruft nach Winterschutz, den wir durch Anhäufeln und Abdecken schaffen. Und das, obwohl wir uns nicht mehr gut bücken können. Dann dürfen wir uns auch von ihm verabschieden. Das ist legitim. Es gibt phantastische Neuheiten, die in unserem Jahrhundert geboren sind. Gelungene Züchtungen, die dauerblühend uns den ganzen Sommer über beschenken, die gesund sind und auch noch Parfüm schenken. Wenn der Rosenstrauch im Spätherbst seine letzten Knospen erschließt, dann denkt der Gärtner zufrieden: Sechs Monate lang hast du geblüht, du Fleißige! Danke für dieses Rosenglück.

Von Ende Mai bis zum ersten Frost duftet es aus den Zweigen der „Palais Biron“. Ihre Knospen ähneln dicken, kleinen Kugeln, die beim Öffnen ein dunkles Violett enthüllen. Was für ein Farbenspiel dazu liefern die safrangelben Rosen von „Chateau de Cheverny“. Hinzu kommt ihr angenehmer Duft nach Frühlingsblumen. Und unvergleichlich, noch im Dezember, die zauberhaft duftende Kletterrose „Ozeana“ mit ihrer Fähigkeit, auch unter Schneelast standhaft zu sein.

Nicht trennen konnte ich mich allerdings von der alten Sorte „The Fairy“. Sie ist kleinblütig, anspruchslos und widerstandsfähig und war auch zu DDR-Zeit zu haben. Als kleinen Stiel hatte ich sie im Blumentopf ohne viel Aufmerksamkeit im Badfenster überwintern lassen. Doch ausgepflanzt im Frühjahr legte sie dann los. Und so durfte sie auch mit umziehen in den neuen Garten. Ihre Sorte trat 1932 in die Rosenwelt und kommt heute wieder zu Ansehen. Bei mir ziert sie mit Hunderten ihrer Blütchen ein Hügelbeet und deckt dabei den Erdboden ab.

Die richtige Auswahl der Rosen bietet auch den geflügelten Mitbewohnern, den Insekten, gutes Futter. Auf den kleineren, offenen oder halb gefüllten Blüten summt und brummt es von dankbaren Besuchern. Außerdem verachten im Winter die Vögel die Früchte der Rosen nicht. Die Vielfalt ihrer Hagebutten, die reizvollen Stacheln, das unterschiedliche Laub, die kulinarischen Möglichkeiten ihrer Blütenblätter – all das wäre ein eigenes Kapitel wert.

PALAIS BIRON

La Rose de Molinard

Chippendale

Duftpreis

Ozeana

Rose „Papageno“

Rosenstrauch „The Fairy“

Die fast stachellose „Ghislaine de Feligonde“ bewirtet hungrige Gäste.

Kann man alles um die Rose erklären? Wohl kaum. Im Beet tanzt auch die „Rhapsody in Blue“, deren Violett aus der Entfernung wie Blau erscheint, eine eher ungewöhnliche Farbe unter Rosen.

Doch so fröhlich es auch aus der Erde quillt – diesem Überschwang muss leider Einhalt geboten werden. Es soll mit dem häufigen Pflegen der Beete Schluss sein.

Excelsa vor Schleierkraut.

Die Strauchrose „Pretty Kiss“ ist äußerst bienenfreundlich. Sie leuchtet auch im Waldschatten.

Samtiger Bodendecker: der Wollziest (Stachys byzantina)

Was aber tun? Vielleicht einen Teppich auslegen? Eventuell einen aus dem silbergrauen Wollziest? Er entwickelt sich flächendeckend und unterdrückt damit die Wildkräuter. Oder noch mehr Steine auslegen? Vielleicht auch noch mehr Wasserstellen schaffen?

Oder heben wir die Blicke vom Tun in der Erde! Schauen hinauf; noch nicht himmelwärts, eher den Kletterrosen nach, die mit weniger Pflege auskommen. Lassen wir sie einfach hinaufwachsen und oben im Luftraum ihren Auftritt gestalten. Ihnen kann man sogar Schatten- oder Nordlagen anbieten. Wenn im Juni mancher Baum noch mal erblüht, dann ist oft nicht er selbst, sondern meistens eine Rambler-Rose am Werk, die in seinem Geäst Halt und Aufmerksamkeit sucht.

„Kir Royal" – nach einem spritzigen, französischen Getränk benannt, wurde von mir mehr zufällig an einen Platz gesetzt – und ward vergessen bei der Gestaltung. Heimlich griffen ihre Wurzeln ins Erdreich. Sie fühlte sich dort schnell wohl. Heute rankt sie mit ihren rosa Blüten, die wie gestreifte Seide aussehen, den Rosenbogen entlang. An ein Umsetzen war bald nicht mehr zu denken. Damit sie aber in ihrer Schönheit nicht wie verirrt am Übergang zum Waldstück steht, habe ich ihr zwei Klosterbrüder zur Seite gesetzt: „Uetersener Klosterrose". Große, weißliche Blütenbälle mit süßem Wildrosenduft! So etwas Schönes zu züchten, das traue ich den Klosterbrüdern zu.

Ein spektakuläres Farbspiel bietet die „Perennial Blue" (Seite 142) in Rosa, Violett und Blau. Dazu sinkt aus den großen Blütendolden ein feiner Duft auf die Besucher nieder. Gut zu wissen, dass es unter den Hochturnern fast stachellose gibt, die weder Gärtner noch Besucher stechen, wie die violettgraue „Veilchenblau" (siehe ebenfalls Seite 142), die orange „Gislaine de Foligonde" und die gelbe „Malvern Hills".

Eine unübertroffene rote Sorte ist die Kletterrose „Florentina". Sie klettert und blüht ununterbrochen. Was sie so besonders macht? Ein einzelner abgeschnittener Zweig hat so viel Blüten wie ein ganzer Strauß. Und im Winter trägt sie standhaft ihr grünes Blätterkleid durch die kalten Monate hindurch.

Hinauf will auch „Amnesty International". Die nostalgisch gefüllten Blüten duften nach Citrus und alten Rosen. Wird sich die verheißungsvolle Schönheit bei uns wohlfühlen? Noch ist sie jung, windet sich aber schon munter empor.

Kleiner Senkgarten

Seerose

Kir Royale

Perennial Blue

Veilchenblau

Allerdings gibt es auch Rosen, die für einen kleinen bzw. den Altersgarten nicht so gut geeignet sind. Mit enormer Wuchskraft bis zu zehn Metern geht es bei diesen nicht nur in die Bäume, sondern auch auf Gebäude hinauf. Dornröschen lässt grüßen!

Verführt wurden wir von der legendären Kletterrose „Kifts Gate". Sie ist nach Ansicht von Kennern hervorragend als Geschenk für Feinde geeignet, weil sie nicht nur acht Meter hoch wird, sondern obendrein jedes Jahr bis zu drei Meter lange Stacheltriebe in alle Richtungen austreibt. Dort oben können wir sie nicht mehr pflegen. Es ist eine anstrengende, oft blutige Angelegenheit, sie im Zaum zu halten. Also geht es ans Abschiednehmen auch von „Paul's Himalayan Musk" und „Bobby James".

Es naht der Herbst. Einzelne Rosen versprühen noch etwas Sommerduft, aber es liegt schon Abschied in der Luft. Die Zeiten im Rausch von Düften und Farben sind viel zu schnell vergangen. So wie es uns – im Rückblick – auch mit den eigenen Lebensjahren geht. Inzwischen wissen wir um die Endlichkeit eines jeden Festes, spüren, loslassen zu müssen. Auch im Gärtnern. Und ob wir uns im nächsten Juni wiedersehen, das steht noch in den Sternen.

September

Der Garten trauert,
kühl sinkt in die Blumen der Regen.
Der Sommer schauert
still seinem Ende entgegen.

Golden tropft Blatt um Blatt
nieder vom hohen Akazienbaum.
Sommer lächelt erstaunt und matt
in den sterbenden Gartentraum.

Lange noch bei den Rosen
bleibt er stehen, sehnt sich nach Ruh.
Langsam tut er die großen,
müd gewordenen Augen zu.

Hermann Hesse (1877–1962)

Statue mit weiss blühenden Herbstanemonen

Tausche Gartenarbeit gegen Ruhe-Asyl

Frühling, Sommer und dahinter
gleich der Herbst und dann der Winter.
Ach, verehrteste Mamsell,
mit dem Leben geht es schnell.

Wilhelm Busch

Auch wenn die Herbstanemone (Honorine Jobert) noch ein wenig frühlingshafte Stimmung in den Garten zu zaubern vermag – es ist unverkennbar: Der Sommer neigt sich dem Ende zu. Die allerletzten tapferen Blüten können den Abschiedsschmerz etwas abmildern und die kommende dunkle Zeit wenigstens um ein paar kostbare Tage lang verkürzen.

Herbst

Schon ins Land der Pyramiden
flohn die Störche übers Meer;
Schwalbenflug ist längst geschieden.
Auch die Lerche singt nicht mehr.

Seufzend in geheimer Klage
streift der Wind das letzte Grün;
und die süßen Sommertage,
ach, sie sind dahin, dahin!

Nebel hat den Wald verschlungen,
der dein stillstes Glück gesehn;
ganz in Duft und Dämmerungen
will die schöne Welt vergehn.

Nur noch einmal bricht die Sonne
unaufhaltsam durch den Duft,

und ein Strahl der alten Wonne
rieselt über Tal und Kluft.

Und es leuchten Wald und Heide,
dass man sicher glauben mag,
hinter allem Winterleide
liegt ein ferner Frühlingstag.

Theodor Storm (1817–1888)

Gealtert sind wir, Gartenmensch und Garten. Und weil Ruhe und Erholungsoasen im Alter immer wichtiger werden, denken wir an Plätze, wo wir mit Freunden gesellig beieinandersitzen können, um bei einem Glas Wein über Blumen, Pflanzen, Gärten, Wetter und über Gott und die Welt zu plaudern.

Im letzten Blühen unter freiem Himmel lachen und vielleicht ein Liedchen zwitschern zu können – ist das nicht spätes Glück? So ein Rentnerdasein kann sehr gemütlich sein. Ist nicht der Garten der letzte Luxus unserer Tage? Denn er möchte das, was in unserer Gesellschaft so kostbar geworden ist: Raum, Zeit und Zuwendung.

Abschied

Ach, wie eilet so geschwinde
dieser Sommer durch die Welt.
Herbstlich rauscht es in der Linde,
ihre Blätter mit dem Winde
wehen übers Stoppelfeld.

Hörst du in den Lüften klingend
sehnlich klagend das Kuru?
Wandervögel, flügelschwingend,
Lebewohl der Heimat singend,
ziehn dem fremden Lande zu.“

Wilhelm Busch

Regentränen auf Glas im Weinstock

Die Rose „Villa Borghese" umspielt den Pavillon; eine Villa kann sie daraus natürlich nicht machen.

Nun haben wir endlich Zeit, die Schauspiele des Vogelfluges zu beobachten. An sonnigen Herbsttagen zwischen September und November gleiten die Züge der Kraniche und Wildgänse mit den wohlbekannten Rufen über unseren Garten hinweg. Wenn wir sie und die Wolken am Himmel mit den Blicken verfolgen können – ist das nicht auch Glück? Auch wenn sie den bunten warmen Sommer mitnehmen und wir hier unten ein wenig wehmütig werden. Können wir sie nochmals sehen, wenn der Lenz im nächsten Jahr einzieht und die Kirschen wieder blühen? Die Hoffnung darauf lassen sie uns jedenfalls zurück.

Bis dahin werkeln wir ein bisschen weiter und schaffen grüne Räume zum Gartenaufenthalt in warmer Zeit.

Noch sitzen wir in umblühten Gartenlauben, geschützt vor Wind und kühlem Regenschauer. Doch der Herbst des Lebens hockt uns bereits in den Gliedern und im Gemüte. Er mahnt uns: Geht sorgfältig mit der verbleibenden Zeit und mit den nachlassenden Kräften um.

Gartenarbeit ist nur noch in Raten angesagt. Wäre es nicht sinnvoll, mehr Sitzplätze im Ruhe-Asyl zu schaffen bzw. schaffen zu lassen? Plätze, an denen man die Annehmlichkeiten der Jahreszeiten so richtig genießen kann? Zu jeder Tageszeit und in den verschiedensten Wettern.

In der Ruhe gibt es viele kreative Gedanken, zum Beispiel: Wohin fallen die letzten Sonnenstrahlen? Wo finden wir Schatten?

Schon eine kleine Veränderung ist dazu angetan, den Gartentag auch ohne Arbeit auf das Angenehmste zu verbringen. Wo kann der Gärtner in Stille seine Gebete fürs Wetter gen Himmel schicken? Wann gibt es endlich wieder Segen durch Regen? Auf welcher Bank lässt es sich träumen?

Wie waren die Gärten der Kindheit? Können mit dem Gartenglück auch Erinnerungen an vergangene schwere Jahre gemildert werden? Solch abgeschirmter grüner Raum unter freiem Himmel als Rückzugsort aus der Schnelllebigkeit, dem Lärm, der Oberflächlichkeit des äußeren Lebens wirkt Wunder. Da ist nun endlich Zeit, die

Besuch willkommen

Bibliothek im Garten

Hereinspaziert

Unsere Schwarzwald-Rose

Ruhige Plätze

Ruhebank mit Blütenträumen

große strahlende Stille des Daseins so richtig zu fühlen.

Wo möchte man lesen oder sich sonnen? In welcher Nische fühlt man sich geborgen und vor fremden Blicken geschützt? Wie viele Steine verträgt ein Garten, damit Fauna und Flora nicht beleidigt werden? Keinesfalls wollen wir dort eine Steinwüste schaffen.

Und wenn's auf einem der Ruheplätze so richtig gemütlich wird und man sich wohlfühlt, ist das nicht wie eine Aufforderung zum weiteren Festhalten am liebevoll gestalteten Umfeld?

Außerdem: Da sitzen wir uns doch lieber mit dornenzerkratzten Händen als mit von Schwermut geplagter Seele auf einer dieser Ruhebänke.

Vorschläge für weitere Sitzplätze im Garten gefällig?

Dort, unterm Blauglockenbaum, neben Lorbeer- und Liebesperlenstrauch, ein Bücherregal stellen, und schon ist die Freiluftbibliothek fertig.

Daneben die Bank unter der Birke kann ein schattiger Leseplatz sein. „Bitte, liebe Gäste, nehmt euch ein Buch mit, vielleicht als Lesestoff für den Winter."

Was ist der Weisheit letzter Schluss?

Bei all dem Planen ist mir der Sommer so still von der Seite geschlichen.

Der Nebel steigt, es fällt das Laub,
schenk ein den Wein, den holden.
Wir wollen uns den grauen Tag vergolden, ja vergolden.

Theodor Storm

Zunehmender Beliebtheit erfreut sich heutzutage die Idee von den „Offenen Gärten", ein neues gesellschaftliches Ereignis im ostdeutschen Lande. Da werden Gartenpforten geöffnet, um andere Naturfreunde einzuladen, mit ihnen zu plaudern und Erfahrungen auszutauschen. Bei uns lautet das Thema „Buntes Mansfelder Land".

Auch manches Gläschen Wein gibt es dabei zu kosten. Besonders die französischen „Roten" sind bei unseren Gästen willkommen. Zumal sie direkt aus Frankreich in unseren Garten importiert werden.

Auch in unserem Garten tragen einige Rebstöcke alljährlich saftige Trauben. Es gibt also Wein in flüssiger und etwas festerer Form. In Vino veritas. Oder halten wir es mit Aristoteles (384–322 v. Chr.), der schon damals meinte: „Vergeblich klopft, wer ohne Wein ist, an der Musenpforte."

Längst hat der Herbst den Sommer vertrieben. Das Blühen hat sich von der Gartenbühne verabschiedet. Kein

Die Jahre nehmen die Erinnerungen mit.

„Gärten sind die zärtlichsten Spuren, die Menschen auf dieser Erde hinterlassen können."
(Karl Foerster)

Vogel singt mehr, kein Schmetterling tanzt. Dann dauert es lange Zeit, bis ein neuer Frühling das Leben erweckt. Und diese Zeit muss ausgehalten werden. Ob wir alles Lebende im nächsten Jahr wiedersehen können?

Unsere Traubenernte

Herbsttag

Herr, es ist Zeit. Der Sommer war sehr groß.
Leg deinen Schatten auf die Sonnenuhren,
und auf den Fluren lass die Winde los.

Befiehl den letzten Früchten, voll zu sein;
gib ihnen noch zwei südlichere Tage,
dränge sie zur Vollendung hin, und jage
die letzte Süße in den schweren Wein.

Wer jetzt kein Haus hat, baut sich keines mehr.
Wer jetzt allein ist, wird es lange bleiben,
wird wachen, lesen, lange Briefe schreiben
und wird in den Alleen hin und her
unruhig wandern, wenn die Blätter treiben.

Rainer Maria Rilke (1875–1926)

Rosen im Schnee

Die schönste Zeit des Gärtners

Der Winter ist die schönste Zeit des Gärtners. Nun hat er Ruhe. Er ist zum Nichtstun verurteilt und kann nur zuschauen. Nicht mal auf dem gefrorenen Rasen darf er laufen, weil das den Gräsern schadet. Vergessen ist die Zeit mit der vielen Arbeit, dem Bücken, Einsammeln, Anstrengen und sonstigem Tun, oft bis zum Abend, bis sich die Dämmerung auf den Gartenmenschen legt. Was bleibt?

Er steht am Fenster und wird langsam alt. Er sieht Regenschauer, Schneegestöber, kalte Winde durch den Garten streifen. Und er träumt! Vielleicht stöbert er in den Erinnerungen an die Jugend und in der Rumpelkammer der Vergangenheit? Vielleicht bindet er einen Strauß aus Erinnerungen. Der welkt nie! Ist es ihm gelungen, mit einer Träne im Auge lächelnd dem Leben beizupflichten?

Wenn sich eines Nachts die Erde eine weiße Schneedecke über die Ohren gezogen hat, die Schmuckdinge im Garten eine Pelzkappe tragen, Sträucher und Bäume verzuckert sind, wenn der Frost zauberhafte Eisblumen an die Scheiben haucht, wenn Gräser wie eingefrorene Fontänen stehen, wenn Raureifkristalle überall funkeln, dann ist auch das alte Herz erneut beglückt. Vor der stillen Schönheit verneigt sich der Gärtner und denkt: *‚Die ganze Welt trägt Hermelin.'*

Leise wimmeln die Flocken vor seinem Fenster nieder. Er fragt sich: Wie mag es meinen Lieblingen, den Pflanzen, jetzt gehen? Sind die Wurzeln ruhig und erstarrt – oder kämpfen sie schon um die besten Frühlingsplätze?

So alt man auch wird – endgültige Antworten gibt es im Pflanzenreich wohl nicht.

Das soll man Ausruhen nennen? … Herr General, melde gehorsam, die Schwarmlinie der Wurzeln ist tief in das feindliche Gebiet eingedrungen, und die Vorhut der Phloxe hat Kontakt zur Vorhut der Glockenblumen aufgenommen. Das nennt ihr Schlaf? … Hier unten, unter der Erde vollzieht sich die richtige Arbeit, hier, in dieser Abgrenzung des Novembers sprüht das Märzleben, hier unter der Erde wird das große Frühlingsprogramm entworfen.

Karel Čapek

Schneelast

Oben links:
verschneite Pergola

Oben:
Ruhender Garten

Links:
Vogelhaus im Schnee

Weit über die Ohren hat sich die Erde die Schneedecke gezogen
und trägt nun weisse „Narrenmützen".

Die ewige Suche nach Schönheit wird das Gärtnerherz wohl bis zum letzten Schlag begleiten. Haben wir ihn gefunden, den Ort des Seelenfriedens?

Was vergangen, kehrt nicht wieder. Ging es aber leuchtend nieder,
leuchtet's lange noch zurück.

Karl August Förster

*… Selbst wenn alles unter der Schneedecke liegt, sind die immer grünenden Stechpalmen mit ihren roten Früchten, die düsteren Kiefern und Eibenbäume, da; es nimmt kein Ende.
Ich sage euch nur eines: Es gibt keinen Tod, nicht einmal einen Schlaf.
Wir wachsen aus einer Zeit in die andere hinein.
Wir müssen im Leben Geduld haben, denn das Leben ist ewig.*

Karel Čapek aus: „Das Jahr des Gärtners"

Gedenken an
Grossmutter

Der ungeheure blühende Lebensraum, genannt Alter, ist kein Ruheasyl, sondern vorwärtseilende und drängende Erntezeit für andere und für sich – bestrahlt von der Sonne des Dankgefühls gegen Lebende und Abgeschiedene.

Karl Foerster

Lebensfahrt

Lange warst du im Gedrängel
aller Dinge tief versteckt,
bis als einen kleinen Bengel
unser Auge dich entdeckt.

Schreiend hast du Platz genommen,
zum Genuss sofort bereit,
und wir hießen dich willkommen,
pflegten dich mit Zärtlichkeit.

Aber eh du recht empfunden,
was daheim für Freuden blühn,
hast dein Bündel du gebunden,
um in fremdes Land zu ziehn.

Leichte, lustige Gesellen
finden sich an jedem Ort.
Weiber schelten, Hunde bellen,
lachend zogst du weiter fort.

Sahst die Welt an beiden Enden,
hast genippt und hast genascht.
Endlich fest mit Klammerhänden
hat die Liebe dich erhascht.

Und du zogst den Kinderwagen,
und du trugst, was dir bestimmt,
Seelenlast und Leibesplagen,
bis der Rücken sich gekrümmt.

Nur Geduld. Es steht ein Flieder
an der Kirche grau und alt.
Dort für deine müden Glieder
ist ein kühler Aufenthalt.

Wilhelm Busch

Gärtner im Schnee

Warm zugedeckt

Kaktuskreuze

Meine Jugend war ein Gartenland

Meine Jugend war ein Gartenland,
Silberbrunnen sprangen in den Matten,
Alter Bäume märchenblaue Schatten
Kühlten meiner frechen Träume Brand.

Dürstend geh ich nun auf heißen Wegen
Und verschlossen liegt mein Jugendland,
Rosen nicken übern Mauerrand
Spöttisch meiner Wanderschaft entgegen.

Und indes mir fern und ferner singt
Meines kühlen Garten Wipfelrauschen,
Muß ich inniger und tiefer lauschen,
Wie es schöner noch als damals klingt.

Hermann Hesse

Nur ein Flügelschlag?

Nur ein Flügelschlag – philosophisch betrachtet – ist unser ganzes Leben. Ein guter Grund, es leicht und mit Humor zu nehmen.

Es sitzt ein Vogel auf dem Leim,
er flattert sehr und kann nicht heim.
Ein schwarzer Kater schleicht herzu,
die Krallen scharf, die Augen gluh.
Am Baum hinauf und immer höher
kommt er dem armen Vogel näher.

Der Vogel denkt: Weil das so ist
und weil mich doch der Kater frisst,
so will ich keine Zeit verlieren,
will noch ein wenig quinquilieren
und lustig pfeifen wie zuvor.
Der Vogel, scheint mir, hat Humor.

Wilhelm Busch, aus: Kritik des Herzens

Geliebter Begleiter bei der Gartenarbeit – das Rotkehlchen

Hartnäckig weiter fließt die Zeit:
Die Zukunft wird Vergangenheit.
Von einem großen Reservoir
ins andre rieselt Jahr um Jahr;
und aus den Fluten taucht empor
der Menschen bunt gemischtes Corps.
Sie plätschern, traurig oder munter,
'n bissel rum, dann gehen's unter
und werden, ziemlich abgekühlt,
für längre Zeit hinweggespült.

Wilhelm Busch

DIE ZEIT, DIE ZU SCHNELL WEITERORGELT …

Sonnentag im Februar

Callicarpa bodinieri: Früchtchen vom Liebesperlenstrauch

Hagebutten

Dank und Gruß

Ich weiß nicht mehr genau, wie es gekommen.
Kurzum! Nach längerem Verborgensein
hab' ich dereinst auf Erden Platz genommen,
um auch einmal am Licht mich zu erfreun,
und allsogleich fasst' mich die Zeit beim Kragen
und hat mich neckisch, ohne viel zu fragen,
bald gradeaus, bald wiederum im Bogen,
durch diese bunte Welt hindurchgezogen.

Inzwischen pflückt' ich an des Weges Rand
mir dies und das, was ich ergötzlich fand.
Auch leert' ich manchmal manchen vollen Krug
mit guten Freunden, bis es hieß: Genug!
Nur eins erschien mir oftmals recht verdrießlich:
Besah ich was genau, so fand ich schließlich,
dass hinter jedem Dinge höchst verschmitzt
im Dunkel erst das wahre Leben sitzt.

Allein, wozu das peinliche Gegrübel?
Was sichtbar bleibt, ist immerhin nicht übel.
Nun kommt die Nacht. Ich bin bereits am Ziele.
Ganz nahe hör' ich schon die Lethe fließen.
Und sieh! Am Ufer stehen ihrer viele,
mich, der ich scheide, freundlich zu begrüßen.
Nicht allen kann ich sagen: Das tut gut!
Der Fährmann ruft. Ich schwenke nur den Hut.

Wilhelm Busch

Nimm vom großen Gartenglück
dir ein Stück ins Alter mit!